Como Acalmar um Virginiano

Mary English

Como Acalmar
um Virginiano

Orientações da Vida Real para Relacionar-se Bem
e Ser Amigo do Sexto Signo do Zodíaco

Tradução:
MARCELLO BORGES

**Editora
Pensamento**
SÃO PAULO

Título original: *How to Soothe a Virgo.*

Copyright do texto © 2013 Mary L. English.

Publicado originalmente no RU por O-Books, uma divisão da John Hunt Publishing Ltd., The Bothy, Deershot Lodge, Park Lane, Ropley, Hants, SO24 0BE, UK.

Publicado mediante acordo com O-Books.

Copyright da edição brasileira © 2014 Editora Pensamento-Cultrix Ltda.

Texto de acordo com as novas regras ortográficas da língua portuguesa.

1ª edição 2014.

Todos os direitos reservados. Nenhuma parte deste livro pode ser reproduzida ou usada de qualquer forma ou por qualquer meio, eletrônico ou mecânico, inclusive fotocópias, gravações ou sistema de armazenamento em banco de dados, sem permissão por escrito, exceto nos casos de trechos curtos citados em resenhas críticas ou artigos de revista.

A Editora Pensamento não se responsabiliza por eventuais mudanças ocorridas nos endereços convencionais ou eletrônicos citados neste livro.

Editor: Adilson Silva Ramachandra
Editora de texto: Denise de C. Rocha Delela
Coordenação editorial: Roseli de S. Ferraz
Preparação de originais: Marta Almeida de Sá
Produção editorial: Indiara Faria Kayo
Editoração eletrônica: Join Bureau
Revisão: Vivian Miwa Matsushita

CIP-Brasil Catalogação na Publicação
Sindicato Nacional dos Editores de Livros, RJ

E47c
    English, Mary
        Como acalmar um virginiano: orientações da vida real para relacionar-se bem e ser amigo do sexto signo do zodíaco / Mary English ; tradução Marcello Borges. – 1. ed. – São Paulo : Pensamento, 2014.
    128 p. : il. ; 20 cm.

    Título de: How to soothe a virgo.
    ISBN 978-85-315-1865-2

    1. Astrologia. 2. Horóscopos. I. Título.

14-10196

CDD: 133.5
CDU:133.52

Direitos de tradução para a língua portuguesa adquiridos com exclusividade pela
EDITORA PENSAMENTO-CULTRIX LTDA., que se reserva a
propriedade literária desta tradução.
Rua Dr. Mário Vicente, 368 – 04270-000 – São Paulo – SP
Fone: (11) 2066-9000 – Fax: (11) 2066-9008
E-mail: atendimento@editorapensamento.com.br
http://www.editorapensamento.com.br
Foi feito o depósito legal.

Este livro é dedicado a
meu irmão Toby, amante de livros,
e também a meu adorável enteado Robert

♍ Sumário ♍

Agradecimentos 9

Introdução 11

1 O signo 23
2 Como montar um mapa astral 49
3 O ascendente 55
4 A lua 64
5 As casas 74
6 As dificuldades 83
7 As soluções 88
8 Táticas para acalmar 97

Notas 121

Informações adicionais 123

♍ Agradecimentos ♍

Gostaria de agradecer às seguintes pessoas:
Meu filho, por ser o libriano que sempre
me faz enxergar o outro lado.
Meu marido taurino Jonathan, por ser o homem
mais maravilhoso do meu mundo.
Mabel, Jessica e Usha, por sua ajuda
homeopática e sua compreensão.
Laura e Mandy, por sua amizade.
Donna Cunningham, por sua ajuda e seus conselhos.
Judy Hall, por sua inspiração.
Alois Trendl, por ser o pisciano que fundou
o maravilhoso site Astro.com.
Judy Ramsell Howard, do Bach Centre, por seu estímulo.
John, meu editor, por ser a pessoa que lutou com
unhas e dentes para que este livro fosse publicado,
e toda a equipe da O-Books, inclusive Stuart, Nick,
Trevor, Kate, Catherine, Maria e Mary.

♍ Como acalmar um virginiano ♍

Além disso, a Cherry, Alam, Mary Shukle e
Oksana, por suas úteis revisões.
E finalmente, mas não menos importantes,
meus adoráveis clientes, por suas valiosas contribuições.

♍ Introdução ♍

A obra que você lê agora faz parte de uma série de livros de Astrologia para principiantes, dirigida a pessoas que se interessam pelo assunto e por seu signo solar ou zodiacal. Ela começou com Peixes, meu signo, e aos poucos foi se tornando um projeto razoavelmente grande, englobando todos os signos.

Por ter começado pelo final do Zodíaco, fui escrevendo e publicando os livros em ordem inversa, até que cheguei a Virgem, o sexto signo.

O título mudou algumas vezes até eu me decidir pelo atual. Isso foi fruto da combinação entre minha hesitação pisciana e a necessidade virginiana de exatidão e correção. Peço desculpas caso alguma coisa que escrevi não seja o que você esperava ou queria, mas fiz o melhor para lhe apresentar uma visão global de Virgem.

Cada livro foi escrito com citações de pessoas reais, indivíduos como você, que vivem a vida no planeta Terra. Repletos de questões sobre a vida, perguntando-se sobre seu signo e esperando aprender um pouco a respeito dele para ter algum

♍ Como acalmar um virginiano ♍

conhecimento íntimo proveitoso. Pois, afinal, aprender alguma coisa nova só é útil se trouxer algum tipo de compreensão.

A Astrologia é incrivelmente boa para ajudar-nos a conhecer nossas motivações, aquilo que nos impele. Cada signo do Zodíaco é diferente, e, como há apenas doze signos, poderíamos ser acusados de dividir a humanidade em categorias um tanto quanto limitadas. Entretanto, como a Astrologia leva em conta mais de dez elementos de informação e nove corpos celestes além do Sol, até o fim deste livro você vai compreender que o signo solar não revela a cena toda.

Atendo minha clientela particular em Bath, na Grã-Bretanha. Tenho diploma em Homeopatia e certificado em Técnicas de Aconselhamento. São qualificações modestas. Aprendi Astrologia sozinha e iniciei meus estudos astrológicos depois que minha homeopata, enquanto me atendia, disse "Isso deve ter acontecido durante seu Retorno de Saturno". Como eu não tinha ideia do que seria Saturno, muito menos um "retorno", voltei para casa e comecei a estudar. Li todos os livros de Astrologia em que consegui pôr as mãos. Fiquei enchendo a paciência do meu tio para me dar os livros de Astrologia de minha querida tia falecida e passei horas sem fim montando tantos mapas quantos pude.

Eu já atendia clientes como homeopata e fazia "leituras" para outros. Leio mãos e cartas – algo que comecei a fazer na adolescência. Eu me intitulava "Consultora Psíquica" e viajava pela Grã-Bretanha fazendo atendimentos individuais por intermédio de uma agência em Chippenham. Eu amava (e ainda amo) meu trabalho.

Após alguns anos estudando em casa, comecei a combinar aquilo que tinha aprendido de Astrologia com minha prática

♍ Introdução ♍

profissional. Neste ponto, preciso explicar que ninguém gasta dinheiro numa leitura se não obtém as respostas de que precisa, ou se acha que foi ludibriado. Levo meu trabalho muito a sério e posso dizer com segurança que muitos de meus clientes têm ficado satisfeitos com os serviços que recebem.

Ao longo dos anos, conheci vários sensitivos e adivinhos, e sei a diferença entre os bons... e os maus. Um bom profissional vai fazer questão de tratar dos assuntos atuais, apresentar alguma explicação para eles e também soluções sensatas para esses temas. Não adianta gastar dinheiro numa leitura se tudo que você ouve é "As coisas vão melhorar". Geralmente, as coisas melhoram mesmo. A principal questão é *quando* elas vão melhorar... e *de que modo*?

A Astrologia é ótima para responder a essas perguntas, pois cada planeta que usamos move-se em certa velocidade, dando-nos com isso uma excelente ideia das escalas de tempo envolvidas.

Em 2001, fui convidada por Melissa Corkhill, editora de *The Green Parent*, para escrever uma coluna sobre Astrologia em sua revista, pois ela havia lido meu artigo a respeito de crianças índigo e ouvira falar de minha pesquisa. Escrevi com satisfação essa coluna astrológica durante seis anos; depois, precisando me dedicar cada vez a esta série de livros, tive de parar, infelizmente.

Hoje, sou convidada do *Hannah Murray Show* na Talk Radio Europe, que tem uma audiência de mais de um milhão de pessoas ao redor da Costa del Sol.

Bem, chega de falar de mim. Vamos falar um pouco da Astrologia.

♍ Como acalmar um virginiano ♍

Uma Breve História da Astrologia

O historiador Christopher McIntosh diz, em seu livro *The Astrologers and Their Creed*, que a Astrologia foi descoberta no lugar que hoje chamamos de Iraque, no Oriente Médio:

> Foram os sacerdotes do reino da Babilônia que fizeram a descoberta que estabeleceu o padrão para o desenvolvimento da astronomia e do sistema zodiacal da astrologia que conhecemos hoje. Durante muitas gerações, eles observaram e registraram meticulosamente os movimentos dos corpos celestes. Finalmente descobriram, graças a cálculos cuidadosos, que, além do Sol e da Lua, outros cinco planetas visíveis se moviam em direções específicas todos os dias. Eram os planetas que hoje chamamos de Mercúrio, Vênus, Marte, Júpiter e Saturno.
>
> A descoberta que esses sacerdotes astrônomos fizeram foi notável, levando-se em conta os instrumentos precários com que trabalhavam. Eles não tinham telescópios, nem os outros aparatos complicados que os astrônomos usam hoje. Porém tinham uma grande vantagem. A área próxima ao Golfo Pérsico, onde ficava seu reino, era abençoada com céus extremamente limpos. Para tirar pleno proveito dessa vantagem, eles construíram torres em áreas planas do país e a partir delas podiam vasculhar todo o horizonte.
>
> Os sacerdotes viviam reclusos em mosteiros, geralmente adjacentes às torres. Todos os dias, eles observavam o movimento das esferas celestes e anotavam fenômenos terrestres correspondentes, como inundações e rebeliões. Não tardou para chegarem à conclusão de que as leis que governavam os movimentos das estrelas e dos planetas também governavam eventos na Terra.

Introdução

As estações mudavam com os movimentos do Sol, e portanto, argumentavam, os outros corpos celestes certamente deveriam exercer uma influência similar...

No início, as estrelas e os planetas eram considerados deuses de verdade. Mais tarde, quando a religião ficou mais sofisticada, as duas ideias foram separadas e desenvolveu-se a crença de que o deus "governava" o planeta correspondente.

Gradualmente, foi se formando um sistema altamente complexo no qual cada planeta tinha um conjunto específico de propriedades. Esse sistema foi desenvolvido em parte por meio dos relatórios dos sacerdotes e em parte graças às características naturais dos planetas.[1]

Portanto a Astrologia nasceu de observações cuidadosas e também do desejo dos sumérios de acrescentar significado às suas vidas. No início, servia a um propósito prático, o de ajudar nas plantações, e depois ela se desenvolveu num sistema espiritual, e, milhares de anos depois, a Astrologia ainda está conosco.

Definição de Astrologia

A Astrologia é o estudo dos planetas, mas não no sentido astronômico. Os astrólogos observam os planetas e registram suas posições do ponto de vista da Terra, dividindo o céu em doze partes iguais. Essas partes começam no equinócio vernal de 0 grau de Áries.* Nós usamos informações astronômicas, mas a diferença entre Astronomia e Astrologia é que os astrólogos

---

* Ao longo do livro, a autora se refere às estações no Hemisfério Norte. (N. do T.)

usam essa informação astronômica para uma finalidade diferente, mais espiritual.

Originalmente, astrônomos e astrólogos eram a mesma espécie, mas com o progresso da ciência, os astrônomos se afastaram e focalizaram apenas os planetas em si, e não seu significado. Hoje, eles registram religiosamente todos os dados materiais de que conseguem dispor. O peso dos planetas, sua geografia, seus minerais e suas temperaturas, a localização espacial, a velocidade, as órbitas... aos poucos, cada vez mais dados são "descobertos". E, no entanto, cada vez se sabe menos sobre seu propósito, sobre a razão de sua existência ou de seu relacionamento com os habitantes do planeta Terra.

Os astrólogos acreditam que estamos todos conectados: "O que está em cima é como o que está embaixo".

Assim como estamos todos conectados como seres da mesma raça humana, os astrólogos acreditam que, de algum modo, estamos todos conectados a tudo que nos rodeia. Richard Tarnas fala bastante sobre isso em seu maravilhoso livro *Cosmos and Psyche*; ele diz que o "novo" mundo em que vivemos agora trata o sistema solar como "objeto", enquanto ele o considera (assim como eu) como algo de que somos parte, e não algo separado de nós.

Como sempre, há certa sincronicidade na redação de um livro. Tenho um irmão virginiano que, enquanto eu estava trabalhando no livro, visitou nossa mãe idosa (sobre quem falei em meu livro *Como se Relacionar com um Aquariano*). Ela estava animada e alegre, e decidiram caminhar ao sol. Era um belo dia ensolarado e a grama estava seca, era gostoso caminhar. Enquanto saíam da casa de repouso, mamãe comentou (assim como costuma fazer quando está passeando – ela *sempre* comenta aquilo que vê): "Puxa, quantas pedras! Nunca vi algo assim antes!".

O caminho é forrado de pedregulhos, e, sim, há muitos deles (desde que você pense a respeito, o que não costumo fazer); mas em vez de meu irmão simplesmente deixar o comentário passar sem mais preocupações, ele *tinha* de corrigi-la (e me contou sobre essa correção porque conversamos mais tarde, nesse mesmo dia) lembrando-a gentilmente de que na sua outra casa havia um caminho com pedregulhos logo que ela se mudou para lá. Depois, o caminho foi asfaltado.

O que meu irmão queria com isso? Mamãe *tinha visto* um caminho com pedregulhos *antes*... e essa pequena imperfeição, num dia ensolarado e bonito, *precisava* ser corrigida... porque estava errada, pura e simplesmente.

Isto é uma coisa sobre a qual vamos aprender um pouco mais ao avançarmos neste livro. Vamos conhecer as pequenas coisas que "fazem" com que um virginiano* seja um virginiano. Suas características, suas tendências, seus gostos e suas aversões e suas motivações.

Como São os Signos do Zodíaco Quando não Estão se Sentindo Bem

Tenho uma confissão a fazer. Atendi muitos virginianos em meu consultório e formei uma opinião a respeito deles que talvez não seja inteiramente correta, e um dos temas é a ansiedade. Obviamente, você não procura um terapeuta ou especia-

---

* Para evitar flexões de gênero que tornam a leitura incômoda, como meu (minha), o(a) etc., mantive o gênero inflexível, exceto em casos específicos. (N. do T.)

♍ Como acalmar um virginiano ♍

lista se está se sentindo em forma. Seria um estranho desperdício de dinheiro! Por isso, os clientes que atendo estão mais ou menos ansiosos. Não me interprete mal, mas os virginianos são *claramente* mais ansiosos... e a diferença é que eles conseguem *descrever* melhor sua ansiedade. Em quantidades industriais.

Tenho páginas e mais páginas de anotações sobre virginianos ansiosos... e meio que fixei a ideia de que *todos* os virginianos são ansiosos, o que não é totalmente verdade... mas quando as coisas "vão mal", o que acontece com todo mundo, os virginianos lideram a fila na capacidade de *descrever* sua ansiedade e podem informar nos mínimos detalhes como estão se sentindo: o que comeram no desjejum, quanto tempo durou sua última dor de cabeça e qual o lado da cabeça que doeu mais; como está seu estômago (Virgem rege a digestão) e o que pode ter comido para não estar bem do estômago... São clientes fantásticos para a homeopatia por causa desse detalhe. Na homeopatia, gostamos dos detalhes porque nossas receitas baseiam-se exatamente nos sintomas que você apresenta, e nós os tratamos com alguma coisa similar – não a mesma coisa, mas similar – que seja suficiente para que o corpo volte à homeostase.

Durante uma crise, o ariano sai dela brigando, concentrado no resultado que almeja. Se está doente, vai falar em combater sua doença, em enfrentá-la ou em derrotá-la. Vai aparecer na hora, ou mais cedo; não vai querer que você o impeça de "melhorar rapidamente", e vai querer que você lhe dê instruções claras, sensatas e viáveis.

O taurino vai afundar no sofá e pedir ajuda para "agora". Ele não está interessado no amanhã ou na semana que vem; ele quer que seus sintomas "sumam", e você terá de trabalhar como o

♍ Introdução ♍

gênio da lâmpada para afastar o sintoma principal. Se você não conseguir se livrar do pior sintoma, como a dor ou a falta de sono, ele vai sair pela porta.

O geminiano quer falar sobre tudo, *exceto* sobre aquilo que realmente o está aborrecendo. Com um questionamento persistente, você pode levá-lo a confessar, mas depois você irá perdê-lo, porque ele vai achar que você falou coisas demais. É melhor conversar sobre o tempo e "aquela coisa engraçada que viram ontem", mantendo a conversa em andamento. Ele vai começar a melhorar pelo simples fato de poder falar de "coisas"... e com o tempo vai ficar entediado com o desejo de melhorar, pois já terá melhorado, e você não tornará a vê-lo.

O canceriano vai querer chorar, chorar e chorar como se suas lágrimas nunca fossem cessar, e, se você tiver uma caixa bem grande de lenços de papel, tudo estará bem. Ser gentil, ouvi-lo com atenção e perguntar-lhe "O que você *sentiu* com isso?" vai ajudá-lo, e em pouco tempo ele vai começar a melhorar. Se isso acontecer o canceriano vai mandar todos os amigos e familiares consultarem você, e em pouco tempo você fará parte da família, uma bela gentileza.

O leonino vai querer sua atenção plena. Ele vai enviar uma mensagem, um e-mail ou telefonar para lhe dar uma atualização, e vai querer que você o felicite por sua recuperação, fazendo-o sentir que você *realmente* se importa com a recuperação dele (o que é verdade, porque um leonino doente é uma experiência realmente triste). Ele vai se sentir melhor quando você puder ajudá-lo a se sentir cercado pelo amor que ele distribui tão abertamente entre os demais. Se lembrá-lo de que o amor dá voltas e que ele faz parte dessa experiência feliz, em pouco tempo ele vai melhorar.

♍ Como acalmar um virginiano ♍

O libriano se preocupa principalmente com seus relacionamentos. Cônjuges, namorados ou pessoas próximas. E quer saber como seu mal-estar pode tê-los afetado. Eles vão ficar aborrecidos se não se sentirem mais atraentes para as pessoas e podem acusar o parceiro de ter mudado, de ter engordado ou de não cuidar mais da aparência. Além disso, vão se preocupar com o fato de "ter de escolher" alguma coisa, um dilema terrível para um libriano. Instruções ou opções em excesso não vão funcionar; por isso, você terá de ser firme e sugerir apenas uma solução, apenas um remédio – o suficiente para encaminhá-lo lentamente de volta à saúde.

O escorpiano *não* vai lhe dizer o que está errado. Nem agora, nem amanhã e nem no outro dia. Ele vai lhe dizer o que há de errado com os outros, quem o está incomodando, atrapalhando ou deixando-o maluco. E se, após algumas semanas de tratamento, ele sentir que pode lhe confiar seus medos mais íntimos (que serão tão assustadores que você vai ficar ouvindo com o coração na mão), ele vai se abrir numas poucas frases longas e você vai ficar sentado ali pensando "Uau! Não era à toa que ele estava se sentindo tão mal!". Após essa confissão, ele vai voltar mais algumas vezes e estará se sentindo melhor, mas você vai ficar com um resíduo de estranhas sensações interiores que terá de exorcizar com incenso ou sálvia branca.

O sagitariano tem *todas* as respostas. Ele não está doente; foi sua mãe, sua esposa, sua namorada, seu sócio, seu irmão ou seu tio que disse que ele deveria procurar você. Ele sabe *exatamente* o que está errado e não vai tomar seus comprimidos, e justamente quando você achar que nunca tornará a vê-lo, ou que ele nunca irá melhorar, o telefone irá tocar e ele vai marcar uma consulta para "JÁ", porque concluiu que seus sintomas,

♍ Introdução ♍

que ele ainda não descreveu quais são, estão aparecendo e ele quer resolver isso *imediatamente*. Como você observou o desenrolar disso tudo nas últimas semanas, você sabe que a mera admissão de que ele não está bem faz parte do processo de cura, e em pouco tempo o sagitariano vai se recuperar.

O capricorniano revelar-se-á um desafio para sua capacidade de cura. Ele não vai lhe dizer como se sente porque ele se utiliza de negativas. Ele vai dizer "*Não* tenho problemas de digestão", o que significa que tem, ou "*Nunca* tive um problema com as costas", o que também significa que ele tem esse problema. E você terá de decifrar tudo de trás para a frente, voltando no tempo para algum momento muito, muito remoto, talvez uma vida passada, ou para alguma coisa relacionada a um ancestral (em homeopatia, damos a isso o nome de prescrição *miasmática* = cura dos ancestrais)... e aos poucos, ele vai começar a se recuperar. Ele não pode ser apressado. Você não pode apressar o rio...

O aquariano terá algumas ideias bizarras. Seja o que for que o aflige, é algo que tem a ver com alguma coisa que ele não consegue descrever. Pode ter um nome estranho ou vir de outra dimensão... e desde que você permita que ele possa visitá-lo sempre que se sentir mal, e que você não lhe dê instruções ou ordens demais, e não acrescente nada a seus pensamentos já estranhos pedindo-lhe para falar de seus sonhos (porque você vai passar o dia inteiro ouvindo!), um remédio incomum e estranho vai ajudá-lo a recuperar suas forças e a melhorar por conta própria.

O pisciano pode – ou não – melhorar. Não há como saber. Você terá de impor barreiras claras, pois do contrário ele vai lhe telefonar no domingo ou quando você estiver de férias. Ele se atrasa para as consultas ou se esquece completamente delas, ou então fica confuso e pensa que você faz acupuntura, embora todos os seus folhetos e seu website digam claramente que você é homeopata. Se você puder ajudá-lo a dormir, ele vai melhorar. Ele não vai lhe dizer se melhorou, e talvez nem saiba quem ele é, mas se o pisciano começar a chegar na hora, lembrar-se de tomar seus comprimidos e se lembrar do seu nome, pode ter certeza de que ele melhorou.

Bem, os virginianos são ótimos pacientes para a homeopatia, pois conseguem descrever com *riqueza de detalhes* todos os sintomas de que precisamos saber para fazer uma receita perfeita.

Quero deixar claro que nem todos os virginianos são ansiosos, assim como nem todos os capricornianos são tristes e nem todos os piscianos são hesitantes (só a maioria deles, nem todos!), mas, quando *estão* ansiosos, você precisa ter nervos de aço para poder ajudá-los, e este livro vai instruí-lo sobre como fazer isso com facilidade.

E esta é a raiz do signo de Virgem: o desejo de perfeição... que conheceremos em detalhes nas próximas páginas.

Mary English
Bath, 2012

Capítulo 1

♍ O signo ♍

O que "é" um virginiano? Bem, se você ler jornais ou revistas, verá que *geralmente* as datas para o signo de Virgem estão entre 23 de agosto e 22 de setembro. Digo "geralmente" porque depende da publicação que você lê e também do lugar do mundo e do horário em que você nasceu. Isso acontece porque a órbita da Terra ao redor do Sol não corresponde exatamente ao nosso calendário.

Com efeito, a Terra leva 365,26 dias para dar a volta em torno do Sol. O calendário tem 365 dias, e por isso, de vez em quando, precisamos incluir o ano bissexto para consertar as coisas e corrigir aquele 0,26 de um dia!

Na Astrologia, não precisamos nos preocupar com isso porque trabalhamos com o ponto de vista de quem está na Terra olhando para o céu, vendo o Sol mover-se em torno da Terra (o que, na realidade, ele não faz).

Se você imaginar que dividimos todo o céu sobre nós e ao redor da Terra em doze porções iguais, uma dessas porções é chamada de Virgem. O cálculo é feito a partir do solstício de primavera (em 0 grau de Áries), uma medida relacionada à forma com que a Terra gira em torno de seu eixo. Ao girar, ela se movimenta de um lado para o outro, e, ao se aproximar e se afastar do Sol, isso cria as estações – primavera, verão, outono e inverno. Quando chegamos em agosto e setembro, o Sol atingiu a parte do céu que representa a sexta divisão... à qual damos o nome de Virgem. Logo, Sol em Virgem significa apenas que o Sol, essa bola de fogo reluzente no céu, está na porção celeste que chamamos de Virgem, e Virgem é uma taquigrafia para a região situada entre 151 graus e 180 graus de distância da porção que chamamos de Áries.

A Astrologia usa dados astronômicos para fazer os cálculos necessários para dizer que signo está ocorrendo em determinado mês do ano, mas, como as órbitas não têm nenhuma relação com o horário dos relógios na Terra, o signo de Virgem muda em horários diferentes do dia e da noite.

Para nos assegurarmos (porque estamos trabalhando com o signo de Virgem, analítico e preciso!) de que temos os dados certos, vamos usar um website suíço. Falo mais sobre isso no Capítulo 2.

Cada signo do Zodíaco tem um planeta que cuida dele. Nós o chamamos de "regente", e o regente de Virgem (e de Gêmeos) é Mercúrio.

Mercúrio, o Veloz Planeta dos Extremos

A órbita de Mercúrio em torno do Sol é quatro vezes mais rápida que a da Terra, e por isso seu ano dura apenas 88 dias terrestres. Contudo ele gira tão lentamente em torno de seu eixo que um dia em Mercúrio é igual a 59 dias na Terra. Ele é o menor planeta de nosso sistema solar e não é tão fácil de localizar;

♍ O signo ♍

os melhores horários para isso são o começo da noite na primavera e o começo da manhã no outono, tudo no Hemisfério Norte.

A Agência Espacial Norte-Americana (NASA) enviou uma sonda chamada Messenger para explorar o planeta em 2004 e ela se tornou o primeiro veículo espacial a orbitar o planeta mais próximo do Sol em 18 de março de 2011. Ela deveria ter cessado suas investigações em março de 2012, mas foram obtidos fundos para mais um ano de pesquisas.

Até agora, descobriram que a superfície de Mercúrio está coberta por explosões vulcânicas, crateras e evidências de enchentes de lava. A temperatura da superfície tem dois extremos. No lado banhado pelo Sol, atinge 430 °C, e no lado escuro do planeta, ele é congelante, com a temperatura chegando à mínima de -180 °C. Humm, não tenho vontade de morar lá!

Mercúrio, o Intermediário

Ao observarmos a posição de Mercúrio em nosso sistema solar, vemos que ele fica entre nós e o Sol, e concordo com Christina Rose, que escreveu em seu *Astrological Counselling*:

> Mercúrio, posicionado perto do Sol, surge como alguém que apresenta a energia solar para todos os outros planetas, e vice-versa. Logo, sua função é a de um vínculo introdutório, de transmissão e de conexão, e podemos comparar Mercúrio a um intermediário, um agente ou correio entre o Sol e o resto do sistema solar. Num comprimento de onda de entrada, essa função é experimentada no indivíduo como identificação, percepção e conscientização. Num comprimento de onda de saída, é aquilo que nos leva a comunicar essas percepções e conscientizações.[2]

Portanto os astrólogos pensam em Mercúrio no mapa astral como algo que atua como mediador ou negociador, ajudando as comunicações.

Mercúrio, o Deus Mensageiro

Na mitologia, Mercúrio recebe o nome da divindade que os gregos chamavam de Hermes. Hermes substituiu o deus babilônio Nebo; e depois os romanos chamaram-no de Mercurius. Essa pobre divindade já passou por várias mudanças de nome.

Nos mitos gregos, logo depois de nascer, Mercúrio pôs-se a procurar o gado que pertencia a seu irmão Apolo. Ele fez com que seus "cascos virassem ao contrário, os dianteiros por último e os traseiros primeiro", e escondeu o gado na caverna do deus solar Apolo.[3]

Ele também é conhecido como o "deus trapaceiro", por conta de todas as maquinações que ele costumava fazer.

Hermes era ainda a única divindade capaz de ir ao mundo inferior e mortal de Hades e voltar. Isso é similar à realidade das temperaturas extremas da superfície do planeta. Quente/frio. Mercúrio é apresentado como um deus com pés alados, viajando grandes distâncias a enormes velocidades, no papel de mensageiro dos deuses. São esses atributos que espelhamos na Astrologia. Não estamos dizendo que os atributos de Virgem são exatamente os mesmos que os do planeta Mercúrio, só que são similares, que possuem qualidades análogas. Mercúrio tem um lado sombrio e outro luminoso; Virgem pode ser analítico e aparentemente insensível, por um lado, e sintonizado com a saúde e a cura, por outro. São essas qualidades e dicotomias que vamos discutir agora.

♍ O signo ♍

Virgem

Embora o glifo que representa o signo de Virgem seja o de uma jovem, não devemos achar que as qualidades de Virgem sejam totalmente "puras". Não estamos falando da virgem como casta, mas da virgem como alguém que não tem obrigações para com homem algum: "A virgindade está para uma mulher assim como a honra está para um homem, o símbolo do fato de que ele não é um escravo".[4]

Portanto Virgem trata de pensar "fora da caixa", de ser livre para pensar... e pensar é algo que seus nativos fazem, e muito. Se você quiser se cansar, peça para um virginiano registrar tudo que ele pensa em trinta minutos. É algo diferente do pensamento aquariano, que vai a lugares estranhos e maravilhosos; o pensamento virginiano entra em grandes detalhes referentes ao tema sendo discutido.

Temos aqui H. G. Wells, autor de obras de ficção científica, que tinha Ascendente em Aquário (amante da liberdade) e a Lua em Aquário (ligado ainda à liberdade emocional), falando sobre seu pensamento virginiano em sua obra *Experiment in Autobiography: Discoveries and Conclusions of a Very Ordinary Brain* em 1934:

> Preciso de liberdade mental. Quero paz para trabalhar. Fico incomodado com as circunstâncias imediatas. Meus pensamentos e meu trabalho estão repletos de alegações e aflições, e não consigo vislumbrar qualquer esperança de me livrar deles; qualquer esperança de um período de atividade serena e benéfica, antes de ser assomado pela enfermidade e pela morte. Sinto-me num estado de fadiga e com o desencorajamento que surge juntamente com a fadiga, as pequenas coisas do amanhã remexendo-se em meu

cérebro desperto, e tenho dificuldade para reunir forças para enfrentar esse problema que paralisa o uso apropriado de mim mesmo.

Estou até deixando de lado a ideia de outra obra na tentativa de lidar com esta situação. Estou escrevendo um relatório sobre isso – para mim mesmo. Quero esclarecer esses descontentamentos porque tenho a sensação de que, com isso, ou eles deixarão de me incomodar, ou tornar-se-ão controláveis... Escrevo minha história e exponho meu problema atual, repito, para limpar e aliviar a minha mente.[5]

Como ele mesmo disse, o ato de escrever sua autobiografia serviu apenas para um propósito: limpar a mente.

E que tipo de mente têm os virginianos, e o que acontece dentro dela?

Madre Teresa, uma católica humilde, maravilhosa, que fazia obras de caridade, teve uma crise de fé logo no começo de sua carreira religiosa. Ela escreveu sobre essa fraqueza em seu diário, que agora podemos vislumbrar:

Senhor, meu Deus, quem sou eu para que Você me abandone? Filha de seu Amor – e que agora se tornou como que a mais odiada – aquela – que Você descartou como indesejada – não amada. Chamo, apego-me, quero – e não há Ninguém para responder. – Ninguém a quem eu possa me agarrar – não, Ninguém. Sozinha... Onde está a minha Fé – Mesmo lá no fundo, lá mesmo, não há nada, exceto o vazio e a escuridão... Meu Deus – como é dolorosa essa dor desconhecida – não tenho Fé – não ouso pronunciar as palavras e os pensamentos que povoam meu coração – e me fazem sofrer uma agonia indizível.[6]

Ela achou que "Deus" não a escutava e que estava sozinha no mundo. Isso lhe causou, conforme se lê nesse breve trecho de seu diário, uma imensa angústia mental. Ela não estava lutando contra demônios; estava lutando contra seus próprios pensamentos, o que a estava distraindo.

Como Eckhart Tolle diz com propriedade, a única coisa que é um problema na vida é nosso pensamento.

Só pensando é que "fazemos acontecer".

E Shakespeare diz isso de um modo muito bonito em *Hamlet*.

Hamlet: O que vocês, meus bons amigos, mereceram das mãos da fortuna para que ela os mandasse para a prisão aqui?

Guildenstern: Prisão, meu senhor?

Hamlet: A Dinamarca é uma prisão.

Rosencrantz: Então o mundo é uma.

Hamlet: Uma boa prisão, na qual há muitas celas, alas e masmorras, das quais a Dinamarca é uma das piores.

Rosencrantz: Não pensamos assim, meu senhor.

Hamlet: Bem, então não é uma para você; pois não há nada bom ou mau, mas o pensamento assim o faz. Para mim, é uma prisão.

Hamlet pensa que a Dinamarca é uma prisão, mas Rosencrantz não... a única diferença entre as duas posturas é seu pensamento.

Mas antes de nos enredarmos demais nos pensamentos e no modo de pensar dos virginianos, que iremos discutir nos Capítulos 6 e 7, vamos estudar um pouco a Astrologia e sua utilidade, para tentarmos nos compreender melhor.

Características de Virgem

Aqui, temos um planeta regente que voa pelo Zodíaco e ao redor do Sol com um lado fervendo e o outro congelando; temos o deus Mercúrio da mitologia, firme em sua tarefa de levar as mensagens; e temos aquilo que os astrólogos chamam de "atributos" – características que foram transmitidas ao longo dos anos como qualidades vitais do signo de Virgem. É um signo feminino, como deveria ser, pois é uma Virgem...

Vamos ver quais são as características de Virgem para Herbert Waite, que escreveu o seguinte em 1917:

Este signo é do elemento Terra, de qualidade mutável. Os indivíduos de Virgem são astutos, seletivos, diplomáticos, discretamente ativos e reservados. Alguns os consideram ríspidos e taciturnos, mas a verdade é que, por trás de um exterior frio e prático, oculta-se o nervosismo peculiar de seu comportamento negativo e caprichoso. São extremamente bondosos e simpáticos, mas tão nervosos e reservados que, muitas vezes, quando se espera que digam algo a título de consolo, eles se contêm com medo de que a menção ao assunto possa reativar lembranças tristes em seus amigos; em alguns casos, seu medo é de parecerem simpáticos demais e não profissionais ou sérios. Eles, mais do que os nativos de qualquer outro signo, costumam sentir a necessidade de se estimular e até de reprimir seus melhores instintos para manter o equilíbrio. Podemos dizer que eles mantêm uma postura fria e digna, e até uma presença impressionante, à custa de uma fama imerecida de frieza de sentimentos; assim, sua verdadeira natureza raramente é vista, se é que chega a ser. Quando exercem autoridade sobre outras pessoas, costumam ser muito exigentes – até demais.[7]

♍ O signo ♍

Humm, isso me pareceu um tanto rigoroso.

E o que os outros astrólogos dizem? Vamos ver o que diz Rae Orion em seu livro *Astrology for Dummies*:

Nada passa por você. Você está de olho nos detalhes, tem um senso inato de eficiência e uma sensibilidade superior para as implicações da linguagem. Você tem ainda extraordinárias habilidades analíticas, uma rara clareza mental, uma capacidade invejável de concentração e, acima de tudo, uma modéstia atraente. Você sabe que não atingiu a perfeição – mas está fazendo o possível para chegar lá algum dia. Como signo de Terra, você tem paciência e perseverança. Mas também é uma pessoa idealista e perfeccionista de primeira grandeza. Sabe como as coisas devem ser e tem certeza de que pode fazê-las desse modo, um detalhe de cada vez. Você é organizado e disciplinado – ou gostaria de sê-lo. E se esforça até seu limite. Quando outras pessoas tentam se esquivar de tarefas desagradáveis, você aparece, faz uma lista meticulosa de tudo que precisa ser feito e confere cada item da lista. Aparece mais trabalho na sua escrivaninha do que na de outras pessoas, e sabe por quê? Porque você é mais competente do que os demais.[8]

Sim, isso se parece um pouco mais com os virginianos que conheço.

Vamos ver o que escreveu a maravilhosa Linda Goodman, em seu livro *Love Signs*, sobre o que ela acha de Virgem. Acho que esse signo não estava no topo de sua lista de "preferências", e ela explica a razão.

Ela começa descrevendo uma oração que criou (de brincadeira) para Santo Antônio, pedindo que seu livro fosse bastante lido, para que as pessoas compreendessem como se amar umas às outras por meio da Astrologia, tanto por perceberem as próprias falhas como por simpatizarem com os maus hábitos – diferentes, mas igualmente arraigados – dos demais. Depois, ela pede que seu livro *não* seja banido por virginianos porque estes são mais do que um doze avos do público leitor, e, como é um livro sobre Astrologia, ela também reza para que os católicos não o proíbam, nem os mórmons, "tão limpinhos"...

Ela continua:

O problema, Tom, é que não tenho ideia do signo do dono da gráfica. Claro que se eu tiver sorte ele será de Virgem. Mas imagine se ele for ariano! Você poderia dar uma mãozinha quando ele estiver preparando, os tipos para que não deixe de lado uma vírgula ou um ponto, ou inverta as páginas, coisas assim? Você não imagina as pilhas de cartas que recebo de virginianos criticando um ou dois erros do autor e da gráfica do meu primeiro livro, *Sun Signs*, e isso me deixa complexada. Por isso, respeitosamente, imploro que você me oriente e ao sujeito de signo solar desconhecido lá da gráfica para que deixe estas páginas absolutamente impecáveis.[9]

Neste ponto, concordo com Linda, algo que eu não tinha percebido até que meu primeiro livro, *Como Sobreviver a um Pisciano*, fosse publicado, quando uma mãe virginiana escreveu esta resenha no site da Amazon:

"... como revisora de texto (virginiana), às vezes, fico aborrecida com o trabalho malfeito de edição e revisão da edição para o Kindle.

♍ O signo ♍

Espero que a versão impressa esteja mais limpa, porque esta aqui é difícil de ler".

Ler e criticar um trabalho é bem mais fácil do que escrevê-lo. Mas, para ser justa, precisamos dos dois aspectos no mundo editorial, os provedores e os editores.

E que tal perguntar a outro astrólogo – agora, um homem – sobre os virginianos? Vamos ver o que Laurence Hillman tem a dizer em seu *Planets in Play*:

Prestativo, organizado, saudável, dedicado, crítico, pedante, sensual, humano, cético, exigente... Muitas características virginianas podem ser descritas resumidamente como voltadas para detalhes, eficiência, gosto difícil de satisfazer e racionalidade.[10]

Parece que um tema está aflorando.

Eis o que escreveu Marcia Starck em seu *Healing with Astrology*:

Os virginianos tendem a ser excessivamente críticos, buscando a perfeição em si mesmos e nos outros, e costumam ser apegados demais à purificação e à limpeza. As qualidades positivas de Virgem manifestam-se no serviço ao próximo, num intelecto finamente seletivo e numa boa compreensão de necessidades terrenas e práticas.[11]

Creio que podemos dizer com segurança que as palavras-chave para descrever Virgem seriam: organizado, analítico, perfeccionista, preocupado com a saúde... e ansioso.

♍ Como acalmar um virginiano ♍

Por isso, em nome do equilíbrio, procurei a opinião de alguns virginianos reais.

Organizado

Victoria é autora de livros sobre Astrologia. Ela mora com o marido e o filho num bairro tranquilo de uma cidade grande. Perguntei a ela se era organizada.

> *"Mentalmente, sou muito organizada. Tenho sempre muitos planos na cabeça, divididos mentalmente em vários assuntos, metas, áreas de foco etc., e passo um bom tempo pensando metodicamente em como fazer x, como organizar y e como fazer com que z aconteça – e, para ser justa comigo mesma, as coisas que organizo mentalmente costumam funcionar muito bem."*

Grant tem cinquenta e tantos anos e mora e trabalha no interior, no sul de Somerset.

> *"Creio que sou razoavelmente organizado, pois tenho um lugar para a maioria das coisas."*

Janice é mãe e terapeuta, e mora e trabalha numa balsa no sudoeste da Inglaterra:

> *"Muito organizada. Sempre sei onde estão as coisas em casa e no trabalho."*

No extremo da escala, temos Deirdre, uma mulher de quarenta e poucos anos que trabalha como curadora e que é bem organizada:

♍ O signo ♍

"Tudo fica arquivado ou armazenado de forma lógica. (Sou autônoma, e o escritório é na sala de casa, por isso tudo fica mais ou menos junto.) Sei onde estão todas as minhas coisas, mas se eu preciso de alguma coisa que meu marido usa também, tenho de procurá-la. Às vezes, fico louca, porque mesmo depois de quinze anos meu marido ainda não tira a louça da lavadora e nem guarda as coisas no lugar em que estavam, desde que nos mudamos para esta casa, faz oito anos; lugares, devo acrescentar, que são quase idênticos aos da casa anterior. (Eu não digo nada, só suspiro e ponho a coisa no lugar.) E, sim, o asseio é obrigatório. A casa talvez não esteja sempre limpa, mas tudo está em ordem. Inclusive os brinquedos do gato (uma tarefa interminável)".

Adoro a parte em que ela fala "de forma lógica"; se não é assim que uma virginiana fala, não sei como é!

Não sou lógica, não tenho tempo e nem energia para isso... mas eu sou pisciana.

Analítico

Meu dicionário define análise como "exame detalhado de elementos ou da estrutura de uma substância" – logo, para ser analítico, você precisa decompor as "coisas" em porções menores e observar cuidadosamente aquilo que descobriu. Os virginianos adoram fazer isso.

Trabalhei com duas pessoas de Virgem que estavam namorando. Elas se sentiram atraídas porque gostavam de skate. A empresa na qual trabalhávamos fabricava "brinquedos para adultos": skates, ioiôs, foguetes movidos a jato de água, pipas... o que você puder imaginar, eles vendiam. Tudo era para

♍ Como acalmar um virginiano ♍

recreação e competição. Esses dois amantes do skate, que se amavam muito, acabaram montando um apartamento juntos.

Fui visitá-los em sua nova casa e a conversa acabou desviando para a organização.

"O Sr. Skatista gosta de acumular coisas", disse a Sra. Skatista.

"É mesmo?", perguntei. "Como assim?"

O Sr. Skatista foi até a cozinha e abriu um armário, e dele caíram alguns skates... e quando digo "alguns" quero dizer que pelo menos uns cinco caíram no chão, mas havia trinta ou mais empilhados nesse pequeno armário. Até o teto!

Bem, eu não sei você, mas a maioria dos skatistas só consegue andar num skate de cada vez. Este amável cavalheiro tinha skates para várias vidas... Sua dedicada esposa tinha problemas de espaço e organização, mas mesmo assim ele não conseguiu se livrar da grande coleção de "coisas" que acumulara ao longo dos anos. Seu primeiro amor foi o skate, mas ele se transformou numa obsessão por *possuir* as pranchas e não por *fazer* aquilo de que gostava, que era andar de skate. Até hoje, não sei o que aconteceu, mas eu me lembro do meu espanto quando ele abriu aquele armário...

Aqui temos Grant novamente, agora falando de seus passatempos em detalhe.

Quais são seus passatempos?

"Observar pássaros (meu principal passatempo), trens em miniatura, ferrovias, música (toco violão e melodeon [acordeão com botões]), fotografia, leitura (nunca fico sem um livro). Tenho uma mente muito curiosa e gosto de identificar tudo que vejo, de aviões a borboletas."

Você coleciona alguma coisa?

♍ O signo ♍

"Dados sobre pássaros por meio da observação, instrumentos musicais."

Você é detalhista? Dê-me um exemplo.

"Eu relaciono num caderno as aves que observo e faço isso há mais de trinta anos."

Bem, para conseguir organizar um caderno com pássaros durante mais de trinta anos, você precisa ser bem observador. Enquanto escrevia esta seção do livro, fiquei imaginando se haveria muitos observadores de trens – ou, como preferem ser chamados, "entusiastas por trens" – virginianos, e por isso fiz uma pequena busca na Internet e acabei descobrindo um cavalheiro chamado Antonin Dvorak. (Encontrei-o numa busca em fóruns de fãs de trens e ferrovias.)

Antonin era músico e compositor de talento e também escrevia artigos sobre música. Em suas horas de folga, ele gostava de colecionar informações sobre trens, conforme ilustra este pequeno relato (não confirmado), escrito por outro entusiasta:

Entre os famosos admiradores de trens do passado, temos o compositor Antonin Dvorak (1841–1904). Há uma anedota curiosa sobre ele. Uma locomotiva particularmente interessante estava para chegar em Praga, mas ele tinha um concerto na mesma data. Ele estava determinado a saber pelo menos o número da locomotiva, por isso ele pediu que seu futuro genro fosse até a estação para tomar nota dele. Infelizmente, o jovem copiou o número do tênder. Dvorak não ficou nem um pouco satisfeito. Ele olhou zangado para a filha e disse: "Bem, então é com esse tipo de homem que você quer se casar?". Felizmente, tudo foi esquecido e eles se casaram. Diz-se que um movimento da Sinfonia do Novo Mundo (mas não o trecho usado para comerciais do pão de forma Hovis!) foi inspirado no som de uma locomotiva norte-americana.

Dr. Barry Worthington[12]

Perfeccionismo, "Fazer Direito"

Além do tema analítico, querer "fazer direito" é outra característica na qual o signo de Virgem é excelente. Vem da imagem da virgem associada ao signo: a perfeição, a inocência, a ausência de intrusão e contaminação. Os nativos almejam atingir a perfeição.

Sam trabalha como solista e toca regularmente:

"Para mim, é importante fazer as coisas direito. Por isso, pratico minha música regularmente. Fico aborrecido comigo mesmo se faço alguma coisa errada."

Perguntei a Noelle, escritora e astróloga, a opinião dela sobre "fazer direito".

Para você, qual a importância de "fazer direito"? Dê-me alguns exemplos.

"Acredito firmemente no 'bom o suficiente'. O que quer que eu faça, esforço-me bastante para realizar a tarefa com o melhor de minhas habilidades, mas não me preocupo se saiu perfeito ou não, e me distancio alegremente de algo se sei que fiz o melhor que pude. A vida é curta demais para ficarmos obcecados por minúcias. No que concerne àquilo que os outros fizeram, porém, sou bem crítica. Mesmo quando sei que outra pessoa também fez o melhor que

♍ O signo ♍

pôde, fico observando coisas que poderiam ou deveriam ter ficado mais caprichadas, embora raramente eu diga isso."

Pouco depois, em nossa conversa, ela descreve o que acontece se as coisas não saem "direito":

"Se eu estiver tomando decisões ou coordenando alguma coisa, tudo bem. Quando preciso contar com outras pessoas para que as coisas saiam bem-feitas, ou quando não sei o que está acontecendo e preciso esperar para descobrir, aí meus nervos e minha ansiedade entram em ação".

Chantelle é terapeuta holística e trabalha numa clínica nos arredores de Londres, Inglaterra. Perguntei-lhe o que significava fazer as coisas direito.

"Fazer as coisas direito é muito importante para mim, pois sou minha pior crítica. 'Tudo no lugar e um lugar para tudo' é pouco! Isso é muito importante para mim, pois se alguma coisa merece ser feita, merece ser feita direito (na primeira vez).
Outras coisas:

- *Ser uma boa mãe (para mim, é o mais importante)*
- *Ser boa amiga*
- *De modo geral, ser o melhor que posso ser naquele momento*
- *Manter a limpeza geral e bons padrões de higiene na casa toda*
- *Manter os meus próprios trabalhos em dia*
- *Deixar o jardim arrumadinho, sem sujeiras."*

♍ Como acalmar um virginiano ♍

Perceba que ela menciona alguns outros itens virginianos: limpeza, higiene, arrumação (não que todo virginiano seja arrumadinho – alguns são péssimos para manter as coisas em ordem –, mas todos gostam de ter as coisas em seus lugares certos), e tive de sorrir quando li "sem sujeiras".

Eis alguns exemplos de virginianos famosos escrevendo e falando sobre a "perfeição".

Van Morrison escreveu duas músicas sobre o tema, uma chamada "Perfect Fit" (ajuste perfeito) e a outra "Perfect Moment" (momento perfeito).

Na música de Michael Jackson "You Rock My World" (você abala o meu mundo), ele disse que finalmente tinha encontrado seu amor perfeito.

No "Anthem" (hino) de Leonard Cohen, ele fala da "oferta perfeita".

Yao Ming é um jogador de basquete aposentado e tinha isto a dizer sobre uma partida que ele venceu contra um time adversário antes de ir jogar nos Estados Unidos:

"Se tivesse sido Wang Zhizhi a fazer o último lance, este jogo teria sido mais perfeito ainda".

Adorei o jeito como ele disse "mais perfeito ainda", como se tivéssemos níveis de perfeição!

A virginiana Agatha Christie escreveu uma história chamada "O caso da empregada perfeita", em *Miss Marple's Final Cases*.

♍ O signo ♍

Os virginianos ficam muito sensibilizados com a palavra "perfeito". Eis um exemplo do escritor D. H. Lawrence, escrevendo para sua amiga, a dama Ottoline Morrell, em 27 de dezembro de 1915:

> Minha cara Ottoline,
> Sua carta e sua encomenda chegaram nesta manhã... Você gostou dos afrescos Ajanta? Eu os *adorei*: a satisfação pura... a simplicidade pura... as relações completas e quase perfeitas entre homens e mulheres... as coisas mais perfeitas que já vi... São o zênite de uma civilização muito amável, a crista de uma onda muito perfeita de desenvolvimento humano. Amo-os acima de qualquer coisa pictórica que já vi... uma relação íntima perfeita entre os homens e as mulheres, tão simples e completa, tamanha perfeição de paixão, uma plenitude, uma florescência completa.[13]

Como você pode deduzir por este pequeno trecho, os virginianos amam a perfeição.

Preocupado com a Saúde

Este é um assunto no qual todo virginiano é ótimo. Não dá para listar a quantidade de virginianos que são enfermeiros, terapeutas, homeopatas, fisioterapeutas, quiropráticos... qualquer coisa com "peuta" no final, e você vai encontrar um virginiano. Eles gostam de ter um ideal a nortear seu trabalho, que é o "corpo saudável", e não vão se deter por nada para conseguir isso. Se quiser conhecer alguém que é vegan ou vegetariano, basta procurar nossos amigos nascidos em agosto ou setembro; eles lideram o grupo de indivíduos apaixonados pela saúde. Na verdade, um cavalheiro chamado Donald Watson, virginiano, fundou a Vegan Society. Ele nasceu em 2 de setembro de 1910 em Mexborough, no sul de Yorkshire, e morreu com 95 anos em 2005.

Seu pai era professor primário e ele ia todos os anos passar as férias na fazenda administrada por sua avó e seu tio. Ele adorava essas férias porque sua avó criava vacas e porcos, mas um dia ele testemunhou a matança de um desses porcos e essa lembrança ficou gravada nele:

> Não tardou para que a atividade de matança de um dos porcos tivesse início. Ninguém pensou em me manter distante da cena: fiquei ali, todo interessado, para saber o que iriam fazer. E ainda tenho nítidas lembranças do processo todo, do começo ao fim, incluindo os gritos, evidentemente, tudo a poucos passos da companheira sobrevivente desse porco.[14]

Em seguida, ele explica o que o deixou mais chocado:

> O que mais me chocou, além do impacto daquela cena, foi o fato de meu tio George, pelo qual eu tinha um grande respeito, fazer parte da equipe, e creio que naquele momento eu decidi que fazendas e tios precisavam ser reavaliados. Eles não eram o que pareciam ser, diante do ocorrido, para um garoto pequeno e até então desinformado. E o que descobri é que essa cena idílica não era nada além de um Corredor da Morte. Um Corredor da Morte, no qual os dias de cada criatura estavam contados pelo momento no qual elas não teriam mais utilidade para os seres humanos.[15]

♍ O signo ♍

Ele se tornou vegetariano com 14 anos:

> Foi uma Decisão de Ano-Novo em 1924. Já ouviu dizer que não adianta tomar Decisões de Ano-Novo porque nunca as cumprimos? Bem, pode me incluir como uma exceção à regra, pois desde 1924 nunca mais comi carne ou peixe.[16]

Ele criou a Vegan Society em 1944 com base em sua convicção de que "eles" estavam errados ao matar animais para comê-los ou para usar seu leite ou produtos derivados para nos alimentar. Na época, ele pensou:

> Tenho a impressão de que estou enfrentando o mundo praticamente sozinho, sem qualificações reconhecidas além da convicção de que, com toda a prepotência que consigo reunir, estou com a razão e todos eles estão errados! É um estado mental perigoso, do qual, mais cedo ou mais tarde, não podemos nos afastar, tendo de seguir esse caminho.[17]

Ele tinha opiniões bem firmes sobre saúde, originadas, obviamente, do fato de ser esse o principal foco de sua vida, especialmente no que dizia respeito ao fumo:

> Às vezes, penso que estamos protegendo as crianças dos males da pedofilia, mas ainda é legal, inacreditavelmente legal, a grávida fumar e infligir esse veneno à criança em seu ventre, provavelmente prejudicando-a pelo resto da vida. Penso, para usar uma expressão religiosa, que devemos aceitar o fato de o corpo físico ser o "templo do espírito". Ele não deve ser maltratado de maneira alguma. Tudo que fazemos deve ter como meta tentar preser-

vá-lo e nutri-lo apropriadamente, dando-lhe tudo que é necessário para que ele prospere e viva tanto quanto possível; com isso, seja qual for o propósito da vida, nós o realizaremos com o melhor de nossas capacidades.[18]

Apresso-me a dizer, neste ponto, que sou vegan na maior parte do tempo, e ex-fumante, e que portanto estou propensa a pensar do mesmo modo.

Depois, perguntei a alguns virginianos quais seriam suas atitudes com relação à saúde.

Mandy é professora aposentada, com sessenta e tantos anos, e é cuidadosa com sua saúde:

"Quero ser saudável para poder me manter ativa, alerta e continuar a aproveitar a vida. Como estou com sessenta e tantos anos, minha ideia é cuidar de mim para que eu possa ter muitos outros anos de vida feliz. Embora goste de uma comida bem-feita, eu modero a quantidade. Caminho um quilômetro e meio várias vezes por semana. Gosto de nadar e de andar na piscina, o que faço em grupo, pois moro numa comunidade adulta ativa, na qual há muitos clubes e atividades. Participo dos Exploradores da Natureza, do Clube Metafísico, do Clube Teuto-Americano (por intermédio de meu marido) e gosto de jogar bridge. Adoro meus amigos, e uma vez por mês almoçamos juntos. Recebi a bênção da metafísica e da astrologia. Uso alguns óleos de cura.

Para mim, a saúde espiritual é muito importante. Quando ela está bem, todas as outras formas de saúde melhoram. Sempre mantive o foco em alguma forma de espiritualidade, dedicando-me a ela. Por meio da astrologia, aprendi o suficiente sobre mim e a respeito dos outros para compreender que, apesar de sermos pareci-

♍ O signo ♍

dos em muitos sentidos, somos também muito diferentes. Isso me proporcionou muita autoaceitação e autorreconhecimento, bem como a aceitação e o reconhecimento dos outros. Sempre tive uma boa dose de tolerância e de boa vontade, mas o estudo da astrologia me levou a um nível completamente novo de compreensão".

Como pode ver, sua atenção não recai apenas sobre a saúde física, mas também sobre a espiritual – e (obviamente) concordo com sua opinião sobre a Astrologia!

A opinião de Chantelle é similar:

"Minha ideia de boa saúde: bebo 1,5 litro de água por dia, como alimentos orgânicos sempre que posso, tomo as vitaminas relevantes e – além disso – faço o restante das atividades com moderação. Passatempos, interesses e amigos que alimentam a alma. Minha saúde é muito boa no momento porque faço aquilo que nutre minha alma; escuto o meu corpo (sagrado) e não a minha mente. Tenho e faço aquilo que quero, quando quero!"

Sylvia tem um filho e mora em Toronto, no Canadá, onde dá aulas de yoga. Ela se preocupa bastante com a saúde:

"A saúde é MUITO fundamental e importante na minha vida. Trabalho na área de cuidados com a saúde. Sou autodidata em muitas terapias alternativas, ervas, homeopatia etc. Interesso-me por minha saúde desde pequena, e pela saúde da mulher desde a adolescência. A nutrição e a alimentação saudável sempre ocuparam lugar de destaque. Tornei-me vegetariana com 13 anos depois de ler o livro de Tim Robbins, Diet for a New America *(Dieta para uma nova América). Para mim, foi uma decisão baseada tanto na ética*

quanto na saúde. Tenho ficado entre o movimento vegan e a ma-crobiótica, e segui a 'Dieta do tipo sanguíneo' durante anos."

Ansiedade

Fiquei tão ansioso para levá-la para casa que logo depois de cortarem o cordão – odeio dizer isto – eu a agarrei e fui para casa com a placenta ainda sobre ela... Embrulhei-a numa toalha e saí correndo.

– Michael Jackson, sobre o nascimento de sua filha Paris

Como expliquei no começo deste livro, escrevo sobre os pontos fracos de um signo para que as pessoas possam compreendê-los e eles deixem de ser um problema para elas mesmas ou para seus entes queridos e próximos.

Bem, o que é a ansiedade e por que ela é tão problemática para os virginianos?

A ansiedade é um estado de preocupação ou zelo que pode ir desde a pequena insegurança decorrente do fato de não estar achando os óculos a ficar louco com apreensão porque amanhã você fará um exame que determinará o sucesso ou o fracasso do resto de sua vida profissional. E é difícil quantificar esses níveis sem nos envolvermos com definições, razões e explicações.

Creio que podemos dizer com segurança que a ansiedade, em qualquer nível, não é uma sensação muito boa, e que o virginiano a evita a todo custo porque, para ele, seu pensamento é seu atributo mais importante. Se você perturbar a maneira de pensar de um virginiano (e lembre-se de que Mercúrio é o planeta das comunicações), você terá traçado a rota para a extinção.

Eis Chantelle novamente, falando sobre o que a deixa ansiosa:

"O que me deixa ansiosa:

- *Tudo!*
- *Ficar sobrecarregada de tarefas – limpeza, lavar a roupa, cuidar de contas e da papelada*
- *Não dormir o suficiente*
- *Falta de habilidade com o computador*
- *Domingo – preparar as roupas das crianças para a manhã de segunda-feira: uniformes, sapatos brilhando, lições de casa etc.*
- *Alguns dias – o mero fato de sair de casa*
- *Compromissos*
- *Socialização".*

Noelle pensou muito nisso:

"Se você tivesse feito essa pergunta quando eu era criança ou uma jovem adulta, eu teria dito que conhecer outras pessoas me deixava ansiosa, porque eu era extremamente tímida e provavelmente sofria de ansiedade social. No entanto isso acabou quando eu percebi que podia controlar minhas interações sociais com os demais, que eu podia 'escolher' o tipo de impressão que causava nos outros, e que podia escolher não ligar nem um pouco se gostavam de mim ou não; portanto, aprendi que era responsável por aquilo que sentia nas situações sociais e por seu controle, e não estava sujeita àquilo que as pessoas sentiam por mim ou ao que pensavam sobre a situação. A decisão de estar no controle das coisas foi um grande feito psicológico para mim."

♍ Como acalmar um virginiano ♍

Eis Sylvia novamente:

"Prazos. Notas, provas e exames. Gente demais quando não estou me sentindo sociável (por exemplo, ir a um grande concerto sem lugar marcado ou a um local lotado). Coisas demais acontecendo ao mesmo tempo (sou multitarefas, mas depende das tarefas, se gosto delas ou não!). Às vezes, cidades grandes. O estresse do dinheiro, a hora de apresentar declaração de imposto de renda!"

Daniella fica ansiosa quando sua rotina muda:

"Na maior parte das vezes, se minha rotina autoimposta é interrompida, fico ansiosa. Sou uma criatura de hábitos, e quando minha rotina é rompida por algum imprevisto, mesmo sabendo que tudo vai dar certo, por algum motivo estranho eu sinto ansiedade. As poucas vezes em que adoeço e não consigo ir ao escritório, permaneço deitada na cama espirrando (ou alguma outra coisa) e preocupada. Minha mãe tem demência e outros problemas e sou sua única filha – seus problemas de saúde me interrompem, e sua atitude diferente para comigo (devido à demência) produzem uma Daniella 'sem calma interior'".

Como você pôde perceber, para os virginianos a ansiedade não é uma coisa divertida.

Capítulo 2

♍ Como montar um mapa astral ♍

Montar um mapa astral ou de nascimento (ou "mapa natal", como dizem nos Estados Unidos) é muito mais fácil do que na época da invenção da Astrologia. Você não precisa consultar tabelas de informação astronômica ou tirar o telescópio da caixa. Basta descobrir um bom website e – *pronto!* – todas as informações aparecem, gratuitas e instantâneas.

O problema que a maioria das pessoas encontra, depois de ter montado seu mapa astral, é: "O que significa esse monte de coisas?".

É impossível dizer quanta gente me manda e-mail todos os dias para perguntar sobre seus belos e bem montados mapas astrais. A maioria delas me descobre por meio dos fóruns sobre pessoas Índigo e me fazem perguntas assim:

Remetente: *"Você poderia esclarecer a situação?"*

Meus pensamentos: Que "situação"? Carreira, vida, saúde, trabalho, escola, dinheiro? O fato de você ter me enviado um e-mail?

♍ Como acalmar um virginiano ♍

Ou:

> Remetente: *"Anexei meu mapa astral ao e-mail. Espero que você tenha tempo para dar uma olhada nele e me responder."*
> Meus pensamentos: Sim, é um mapa; que outra resposta você gostaria de ter?

Ou com informações de suporte menos úteis:

> Remetente: *"Eu sou índigo?"*
> Meus pensamentos: Recebo pelo menos um e-mail como este por dia. Não os respondo diretamente porque meu trabalho não é me pronunciar apenas com base na forma de um mapa, e meu site tem muitas informações para ajudar as pessoas a decidir. Não quero ser uma guru!

Obviamente, esses são apenas meus pensamentos, não as respostas que mando para as pessoas. Entendo muito bem que quando alguém está enfrentando uma situação por algum tempo, ou preocupado com alguma coisa, sua habilidade de ser conciso ou descritivo vai para o espaço, e aí eu preciso usar meu chapéu de sensitiva para descobrir o que elas querem saber.

Não, montar um mapa é fácil e qualquer um pode fazê-lo. O truque consiste em aprender alguma coisa a seu respeito, ou sobre seu amigo/seu sócio/sua mãe/sua professora a partir desse mapa... portanto agora vamos nos envolver com a montagem dele.

Antes de qualquer coisa, precisamos encontrar um bom website que seja gratuito e preciso. Não é uma tarefa fácil, pois a gratuidade costuma indicar que o site foi criado por alguém que não sabe muito bem o que está fazendo... ou, pior, que está tentando ganhar dinheiro com a propaganda. A maioria dos websites com informação "gratuita" (exceto a Wikipédia) está repleta de anúncios.

O website que vamos usar está sediado na Suíça, numa cidade chamada Zollikon, com vista para o lago Zurique. A empresa ganha dinheiro vendendo mapas e mantém pouquíssima propaganda no site além de seus próprios produtos; para mim, isso parece justo.

Vá até http://www.astro.com e abra uma conta.

Eles só vão pedir o seu e-mail e nada mais (a menos que você queira acrescentar mais alguma coisa).

Você pode montar um mapa como "guest user" (usuário convidado) ou fazer o que eu recomendo, que é criar um "free registered user profile" (perfil de usuário gratuito e registrado). Assim, toda vez que você fizer login, o site o identificará, tornando sua vida muito mais fácil. Além disso, o astro.com (o nome oficial é Astrodienst, que significa "Serviço Astro") é um website usado por astrólogos de verdade. Ele recebe mais de 6 milhões de visitas por mês e tem mais de 16 mil membros, por isso você estará em boa companhia.

Depois de digitar os seus dados

- Data
- Hora
- Local de nascimento

... você pode montar o mapa.

Vá até a página marcada "Free Horoscopes" (horóscopos gratuitos) e desça até ver a seção chamada "Extended Chart Selection" (seleção estendida de mapas).

Clique nesse link e você irá a uma página com muitas opções, mas os principais títulos à esquerda são

- **Birth data** (dados de nascimento)
- **Methods** (métodos)
- **Options** (opções)
- **Image size** (tamanho da imagem)
- **Additional objects** (objetos adicionais)

Acrescente as informações nas caixas, se é que já não o fez, e clique na seção marcada "House System" (sistema de casas) sob o título "Options".

Desça até ver o item "Equal House" (casas iguais) e clique nele. Isso divide seu mapa em segmentos iguais, e é o sistema no qual este livro se baseia. Se não quiser fazer isso porque está com pressa ou não se importa, então as informações do Capítulo 5 não lhe servirão. O sistema padrão desse website é chamado de Placidus, que também é o da maioria dos websites e programas astrológicos para computador (exceto aqueles que eu uso!). Com esse sistema, cada casa (das quais iremos falar no Capítulo 5) fica num tamanho diferente... e, na minha cabeça, o mapa parece grosseiro e desigual.

Além disso, o sistema de Casas Iguais é o mais velho e era o que os antigos usavam (até o senhor Placidus aparecer e fazer algumas mudanças).

Agora, clique no botão azul onde se lê "Click here to show the chart" (clique aqui para mostrar o mapa) e – *pronto!* – seu mapa vai aparecer em outra janela.

As casas estão numeradas de 1 a 12 no sentido anti-horário.

Estas são as formas que representam os signos; descubra aquela que corresponde ao seu. Elas são chamadas de glifos.

Áries ♈
Touro ♉
Gêmeos ♊
Câncer ♋
Leão ♌
Virgem ♍
Libra ♎
Escorpião ♏
Sagitário ♐
Capricórnio ♑
Aquário ♒
Peixes ♓

Este é o símbolo do Sol: ☉
Este é o símbolo da Lua: ☽

Os Elementos

Para compreender plenamente o seu virginiano, você precisa levar em conta o Elemento em que estão seu Ascendente e sua Lua.

Cada signo do Zodíaco está associado a um Elemento sob o qual ele opera: Terra, Ar, Fogo e Água. Gosto de imaginar que eles atuam em "velocidades" diferentes.

Os signos de **Terra** são **Touro**, nosso amigo **Virgem** e **Capricórnio**. O Elemento Terra é estável, arraigado e ocupa-se de questões práticas. Um virginiano com muita Terra em seu mapa funciona melhor a uma velocidade bem baixa e constante (refiro-me a eles no livro como "Terrosos").

Os signos de **Ar** são **Gêmeos**, **Libra** e **Aquário** (que é o "Aguadeiro", mas *não* um signo de água). O Elemento Ar gosta de ideias, conceitos e pensamentos. Opera numa velocidade maior que a Terra; não é tão rápido quanto o Fogo, mas é mais veloz do que a Água e a Terra. Imagine-o como tendo uma velocidade média. (Refiro-me a eles como signos "Aéreos".)

Os signos de **Fogo** são **Áries**, **Leão** e **Sagitário**. O Elemento Fogo gosta de ação e excitação e pode ser bastante impaciente. Sua velocidade é *muito* alta. (Refiro-me a eles como "Fogosos", ou seja, do Elemento Fogo).

Os signos de **Água** são **Câncer**, **Escorpião** e **Peixes**. O Elemento Água envolve sentimentos, impressões, pressentimentos e intuição. Opera mais rapidamente do que a Terra, mas não tão rápido quanto o Ar. Sua velocidade seria entre lenta e média. (Chamo-os de signos "Aquosos".)

Capítulo 3

♍ O ascendente ♍

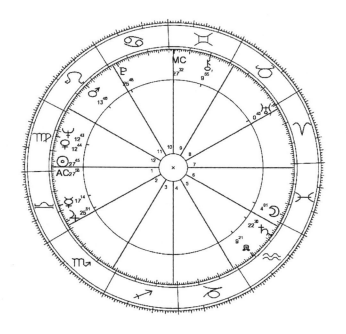

♍ Como acalmar um virginiano ♍

Vamos usar os dados de nascimento de Leonard Cohen. Sua data de nascimento é 21 de setembro de 1934 e ele nasceu às 6h45 em Montreal, no Canadá.

Se você digitar os dados dele no website, seu mapa deve ficar (espero) pelo menos um pouco parecido com o da página anterior. Você verá um monte de linhas entre os planetas; elas são chamadas de "aspectos", mas não vamos tratar disso nesta análise; por isso, ignore-as por enquanto.

Neste capítulo, vou explicar o que é o Ascendente, como encontrá-lo e o que ele significa em termos astrológicos.

Na Astrologia, o Ascendente é a parte da personalidade mais evidente à primeira vista. Por exemplo, uma pessoa com Ascendente em Leão será mais animada, entusiasmada, ousada do que alguém com Ascendente em Escorpião, que provavelmente será um pouco reservado e discreto.

Definimos o Ascendente usando a Astronomia. Quando você nasceu, uma parte do céu estava se "erguendo" naquele exato instante. Se você olhasse para o horizonte oriental no momento exato do nascimento, e se fosse astrônomo ou astrólogo, veria aquela parte do céu erguer-se sobre o horizonte.

Se prestar atenção, você verá as letras ASC perto da linha horizontal que atravessa o meio do mapa.

Agora, gostaria que você imaginasse que, no mapa da página anterior, o centro é a Terra girando no espaço... e todos os borrões da imagem são os planetas em certos lugares, no dia em que Leonard nasceu. Preste atenção e verá o símbolo do Sol logo acima das iniciais "ASC", e o da Lua embaixo, à direita, no signo de Peixes.

Este é um mapa real da posição dos planetas no dia em que Leonard nasceu.

♍ O ascendente ♍

A linha horizontal que atravessa o mapa é o horizonte. Todos os planetas acima do horizonte estavam visíveis às 6h45 da manhã. Você não poderia ver a Lua porque ela estava abaixo da Terra.

Como Leonard nasceu no início da manhã, o Sol estava acabando de nascer; por isso, está situado logo acima da linha do horizonte.

Bem, essa linha horizontal é chamada de Ascendente. Ela ascende, ou se levanta. E o signo em que ela está é o de Virgem. Por isso, podemos dizer com segurança que Leonard nasceu com Ascendente em Virgem.

Se ele tivesse nascido duas horas depois, às 8h45, seu signo Ascendente seria Leão... ele se move em poucos minutos e muda de signo a cada duas horas, pois há doze signos do Zodíaco e 360 graus num círculo.

Agora que você descobriu o Ascendente de seu virginiano, conheça todos os Ascendentes. Encontre aquele que se ajusta ao mapa que você montou; veja as interpretações a seguir.

Incluí ainda exemplos de mapas de pessoas reais para que você possa compreender como cada Ascendente faz com que a tônica virginiana mude ao atravessar os signos do Zodíaco.

Ascendente em Áries

James Bond tem licença para matar;
os astros do rock têm licença para serem espalhafatosos.
O rock tem a função de chamar atenção das pessoas.
– Gene Simmons

Como primeiro signo do Zodíaco, representado pelo Carneiro, imagine que o virginiano com Ascendente em Áries seja mais positivo e proativo. Como é um signo de Fogo, é provável que seu nativo reaja rapidamente a eventos externos. Ele será o primeiro a "agir" onde e quando a ação acontecer e gosta de um bom desafio.

Ascendente em Touro

O legal do ascendente em Touro é que ele diz:
"Tenho o direito de me divertir e, se eu
quiser dar uma palestra deitado no chão, tudo bem".
– Zipporah Dobbyns

Tudo que está relacionado a Touro envolve lentidão e firmeza. Não adianta apressá-lo a fazer as coisas, e, como signo de Terra, é provável que Touro seja radical e prático. Existe a tendência a buscar o luxo e a satisfação. Ele vai parecer estável e bem resolvido, e, como colega de Terra do signo de Virgem, os aspectos materiais da vida – dinheiro, trabalho, residência – estarão organizados e em dia.

Ascendente em Gêmeos

As garotas conversam umas com as outras,
assim como os homens conversam uns com os outros.
Porém as garotas ficam de olho nos detalhes.
– Amy Winehouse

De todos os signos do Zodíaco, este é o que mais gosta de conversar. Com o Ascendente em Gêmeos, seu virginiano vai gostar de conversas de todas as formas, de todos os tipos ou tamanhos. Todo método de comunicação será usado, desde o Twitter e o Facebook até a boa e velha combinação de caneta e papel. Se você tiver um virginiano com Ascendente em Gêmeos na sua classe, é ele quem provavelmente ficará rabiscando na margem do caderno se o assunto da aula não lhe interessar.

Ascendente em Câncer

Quando quero me acalmar,
minha fuga é um tecido e um molde, e costurar.
E, no final, ainda ganho uma roupa com isso; é uma delícia.
– Twiggy

Câncer é o signo da vida doméstica e de atividades com base no lar. Seu planeta regente é a Lua, e por isso reflete a luz do Sol, desfrutando de experiências emocionais. Pode ser bem sensível. Para um virginiano, isso vai fazer com que ele se interesse pela família e pelo lar, com menos propensão a querer viajar pelo mundo ou a viver longe de suas raízes.

Ascendente em Leão

O artista mantém, ao longo da vida,
uma conversa misteriosa e ininterrupta com seu público.
– Maurice Chevalier

Ninguém gosta mais de se exibir do que um Ascendente em Leão. Um público receptivo e uma longa lista de seguidores e fãs ajudam a manter esta combinação de signos feliz e realizada. Esses nativos adoram uma plateia, gostam de receber e dar calor, de ser o centro das atenções. Como são qualidades opostas às características virginianas, você pode encontrar alguém que fique um tanto em conflito com as aparências.

Ascendente em Virgem

Coisas curiosas, os hábitos.
As próprias pessoas nem percebem que os possuem.
– Agatha Christie

Um virginiano com Ascendente em Virgem é um virginiano duplo. Logo, multiplique as características de que já falamos. A atenção aos detalhes e a capacidade de análise aumentam. Ele faz listas. Ele marca os itens nas listas. Ele escreve. Ele compõe. Ele tem uma imensa capacidade para se lembrar de coisas aparentemente insignificantes. Ele vai querer categorizar o seu mundo e pô-lo em certa "ordem"... e se você não se lembra de onde guardou seus óculos, suas chaves ou seu celular, ele sabe exatamente onde você os deixou. É como uma memória fotográfica.

Ascendente em Libra

Não é apenas o modo de jogar.
É o modo de vestir, o modo de andar, o modo de se sentar.
– Chrissie Hynde

Quem tem o Ascendente em Libra precisa de alguém do lado para se sentir completo. Até que o casamento ou a união se dê, e a menos que isso já tenha acontecido, esses nativos vão se sentir incompletos e solitários. Eles se sentem melhor quando têm alguém para segurar sua mão, olhar nos seus olhos e garantir-lhes que eles não estão sozinhos. Este também é o Ascendente que não gosta de conflitos de espécie alguma, e que fica a um quilômetro de distância de discussões e discórdias. Amam a beleza em todas as suas formas. Gostam de se vestir bem e de estar apresentáveis. Sua aparência é importante, e eles podem passar horas se aprontando pela manhã.

Ascendente em Escorpião

Nada que venha do fundo passional da alma é ruim,
nem pode ser ruim.

– D. H. Lawrence

A paixão atribuída a um Ascendente em Escorpião provém de sua capacidade de se concentrar profundamente. A profundidade vai variar de pessoa para pessoa, mas saiba que vem de um lugar de confiança e deseja abranger todos os eventos das relações humanas. Famoso por seu senso aguçado de sexualidade. Não é um Ascendente entediante e provavelmente reflete alguém que gosta de se sentir no centro do rodamoinho da vida. Capaz de manter uma concentração extrema.

Ascendente em Sagitário

Veja como a natureza – árvores, flores, grama – cresce em silêncio;
veja as estrelas, a lua e o sol, como se movem em silêncio...
Precisamos de silêncio para conseguirmos tocar as almas.
– Madre Teresa

Este não é necessariamente o Ascendente da crença religiosa, mas da crença em si. Sagitário é governado por Júpiter, o deus dos deuses, e como tal ele contempla mais do que as coisas simples da vida. Ele adora viajar, aprofundar seus estudos, seu aprendizado e a filosofia; no mínimo, um virginiano com Ascendente em Sagitário vai gostar de viagens para o exterior, preferivelmente longas.

Ascendente em Capricórnio

As duas grandes vantagens que tive ao nascer foram
ter nascido sábia e ter nascido em meio à pobreza.
– Sophia Loren

Capricórnio é o signo dos golpes duros. Os nativos desse signo os conhecem bem. São realistas, têm o pé no chão e de vez em quando demonstram certo pessimismo em relação à vida na Terra. São práticos e objetivos. A meiguice não é o jogo deles. Regidos por Saturno, o deus do pensamento sério, preferem uma abordagem sensata. Um virginiano com Ascendente em Capricórnio adora a sabedoria que vem com a idade, gosta de empreendimentos sérios e quer ser levado a sério com relação às suas ambições e seus processos mentais.

♍ O ascendente ♍

Ascendente em Aquário

Sou meio doida, mas será que me pareço
com um desses malucos religiosos?
– Peggy Lipton

Ideias malucas, estranhas e maravilhosas fazem parte da estrutura de Aquário. Quando esse Ascendente está num virginiano, sua rebeldia pode destoar um pouco de seu Sol, e, a menos que ele possa explicar o que está fazendo, você, como observador, vai se perguntar o que ele está aprontando. Ele adora um encontro autêntico de mentes semelhantes e vai buscar conexões interessantes para temperar e tornar mais agradável o seu dia. Com efeito, o uso da palavra "interessante" vai chamar atenção dele imediatamente!

Ascendente em Peixes

Aí, você está num mundo diferente;
você está segura porque ninguém sabe quem você
é ou o que você está fazendo. Você está segura.
– Julie Kavner (atriz que faz a voz de Marge Simpson)

Este pode ser um Ascendente mais difícil para um virginiano, pois é seu signo oposto; você nota que ele diz uma coisa e faz outra. Com certeza ele é extremamente sensível em termos emocionais e se entristece com maus-tratos em animais ou crianças. Ele tem um sexto sentido que ele esconde firmemente e se envolve em todas essas coisas piscianas, como sonhos, fadas, anjos e adivinhações.

Capítulo 4

♍ A lua ♍

Se o Sol no mapa astral representa nossa motivação e nossos impulsos, e como o Sol acaba nos proporcionando calor, então a Lua, que reflete os raios do Sol e se torna visível para nós aqui na Terra, representa nosso eu interior ou emocional. Como geralmente só nos tornamos conscientes daquilo que sentimos quando o sentimento se torna agudo, compreender melhor a Lua nos ajuda a encontrar nosso lugar no mundo.

Algumas Luas se dão melhor com os signos solares do que outras. Um Sol em Áries, cheio de coragem e vigor, vai se sentir um pouco perdido com uma Lua em Câncer, aconchegante e sensível. Assim, essa pessoa quer iniciar um projeto excitante e sua Lua em Câncer diz: "Mas eu queria ficar em casa e assar uns pães, e não administrar esta empresa"... e é aí que começam as dificuldades.

Não estou dizendo que todos nós temos personalidades múltiplas; o que estou dizendo é que somos seres humanos multifacetados e reagimos de forma diversa a coisas diferentes. O princípio astrológico diz que os planetas são arquétipos inerentes à nossa psiquê. Estamos vivendo juntos no mesmo sistema solar há um bom tempo!

Em nosso mapa de exemplo, Leonard tem a Lua em Peixes, o que o torna uma pessoa mais tranquila, mais interessada em sentimentos e no esoterismo do que em questões práticas. Como sua Lua e seu Sol estão em oposição, existe um dilema interior entre aquilo que ele sente e aquilo que ele quer fazer. Ser um cantor ajuda, pois espera-se que ele cante algo sobre sentimentos e não sobre o que ele comeu no café da manhã!

As Essências Florais do Dr. Bach

Em 1933, o Dr. Edward Bach, um amável médico e homeopata libriano, publicou um pequeno livro chamado *The Twelve Healers and Other Remedies.** Sua teoria era que se o componente emocional de que uma pessoa estivesse sofrendo fosse removido, sua "doença" também iria desaparecer. Costumo concordar com esse tipo de pensamento, pois a maioria dos males (exceto ser atropelado por um ônibus) é precedida por um evento desagradável ou por uma perturbação emocional que faz com que o corpo saia de sintonia. Remover o problema emocional e proporcionar alguma estabilidade à vida da pessoa, quando ela está passando por um momento difícil, pode melhorar tanto sua saúde geral que ela volta a se sentir bem.

Saber qual Essência Floral de Bach ajuda a reduzir certas preocupações e abalos dá a seu virginiano mais controle sobre

---

* *Os Remédios Florais do Dr. Bach – Incluindo Cura-Te a Ti Mesmo e Os Doze Remédios*, publicado pela Editora Pensamento, São Paulo, 1990.

Como acalmar um virginiano

sua vida. Recomendo muito as essências em minha prática profissional quando sinto que alguma parte do mapa da pessoa está passando por estresse... e geralmente é a Lua que precisa de ajuda. As essências descrevem os aspectos negativos do caráter, que são focalizados durante o tratamento. Essa conscientização ajuda a inverter essas tendências, e por isso, quando nosso eu emocional está bem e confortável, podemos enfrentar o dia com mais forças.

Para cada signo, citei as palavras exatas do Dr. Bach.

Para usar as Essências, pegue duas gotas do concentrado, ponha-as num copo com água e beba. Costumo recomendar que sejam postas numa pequena garrafa de água, para que sejam bebericadas pelo menos quatro vezes ao longo do dia. No caso de crianças pequenas, faça o mesmo.

Lembre-se de procurar um médico e/ou uma orientação profissional caso os sintomas não desapareçam.

Lua em Áries

Não sou uma pessoa sedentária.
Sempre fui bastante ativa.
– Lauren Bacall

Como esta é uma Lua em signo de Fogo, você pode esperar alguém que seja emocionalmente ativo. Essa pessoa pode ficar irritada com alguma coisa, pode gritar, berrar, porém, como uma tempestade que passa pouco depois, logo ela estará bem. O que a deixa mal é sentir-se sozinha e ignorada, sem conseguir se conectar com os outros.

♍ A lua ♍

Essência Floral de Bach *Impatiens: "Para os que são rápidos de raciocínio e ação e que desejam que tudo seja feito sem hesitação ou demora".*

Lua em Touro

Ainda acho estranho o fato de alguém opor objeções
morais à sexualidade alheia. É como dizer a alguém
como deve limpar sua casa.
– River Phoenix

A Lua neste signo de Terra envolve sentimentos em torno de coisas físicas e tangíveis. Quanto resta de vinho ou de chocolate na casa, as finanças ou sua vida sexual. Coisas que podem tocar e segurar, sentindo sua existência. Gostam de veludo, de seda e de sensualidade.

Essência Floral de Bach *Gentian: "Para os que se desencorajam facilmente. Podem progredir bem no que se refere às doenças ou questões da vida diária, mas qualquer imprevisto ou obstáculo a seu progresso gera dúvidas e logo se deprimem".*

Lua em Gêmeos

Não estou tentando confundir ninguém...
estou é interessado na beleza da linguagem.
– Buddy Holly

A Lua em Gêmeos adora a linguagem e as conversas, e ao falar sobre as coisas esses nativos se sentem melhor. Escrever ajuda, e suas emoções são como o vento: mutáveis e inconstantes.

Emocionalmente, eles procuram compreensão; assim, leem livros e absorvem toneladas de informação para reforçar sua consciência de si mesmos.

Essência Floral de Bach *Cerato*: *"Para os que não têm confiança suficiente em si mesmos para tomar suas próprias decisões".*

Lua em Câncer

Estou tentando não ficar sozinho tanto tempo,
mas, cara, é uma luta.
Quero me casar. Quero ter filhos.
Isso fica no alto da montanha.
Antes, tenho de escalar a montanha.
Vou fazer isso. Dê-me um tempo.
Keanu Reeves

A Lua rege Câncer, por isso se sente "em casa" neste signo. Entretanto, é uma Lua mais orientada para a família do que o Sol em Virgem, e por isso os homens podem se sentir pouco à vontade com essa combinação (veja acima). Esses nativos são nostálgicos, gostam de coisas "retrô". A família para eles é fundamental, e eles adoram animais dóceis e acolher bichos sem lar. Levam a sério a criação dos filhos, e, de modo geral, as mulheres com essa combinação gostam de ser mães.

Essência Floral de Bach *Clematis*: *"Alimentam esperanças de tempos melhores, quando seus ideais poderão ser realizados".*

♍ A lua ♍

Lua em Leão

O artista mantém, ao longo da vida,
uma conversa misteriosa e ininterrupta com seu público.
– Maurice Chevalier

A Lua em Leão adora a atenção emocional. Ter alguém que preste atenção em seus sentimentos é um apoio fantástico para esses nativos. Um pouco de adoração também é bom. Eles gostam de companhia, de dar e receber presentes, e manifestações de afeto. Adoram brilhar e detestam ser ignorados.

Essência Floral de Bach *Vervain*: *"Para aqueles que têm ideias e princípios rígidos que consideram certos".*

Lua em Virgem

Não sou volúvel. Sou profissional e preciso.
Espero o mesmo dos demais.
– Sean Connery

Ter o Sol e a Lua em Virgem faz com que o indivíduo aprecie a atenção aos detalhes, à precisão. Ele se esforça nas áreas de que gosta e tem dificuldade para relaxar se ainda tiver "mais uma coisa a fazer". Essa atenção suprema aos detalhes pode ser uma alegria ou uma maldição, dependendo de seu emprego/ sua ocupação ou de sua experiência de vida. Ele se sentirá melhor se for respeitado por se dedicar a fazer tudo direito.

Essência Floral de Bach *Centaury*: *"Sua natureza boa as conduz a fazer mais do que a sua parte do trabalho e, ao fazerem isso, negligenciam a própria missão nesta vida".*

Lua em Libra

Tendo atingido e realizado o amor...
o homem... torna-se ele mesmo; sua história foi contada.
– D. H. Lawrence

Libra é o signo dos relacionamentos. Da união com outra pessoa. Do casamento, de parcerias e do amor, amor, amor. Com esse signo lunar, o virginiano pode buscar o amor supremo, perfeito, que existe apenas em sua cabeça. Como Libra é o signo da balança, ele terá de sopesar cuidadosamente as coisas antes de tomar uma decisão.

Essência Floral de Bach *Scleranthus*: *"Para aqueles que sofrem muito por serem incapazes de decidir entre duas coisas, inclinando-se ora para uma, ora para outra."*

Lua em Escorpião

Sou uma companheira ciumenta. Quando Laurence tem de
segurar a mão de uma garota com quem está contracenando,
ela entra no perigoso território dos coelhos fervidos.
– Billie Piper*

A Lua em Escorpião tem sentimentos em tons profundos e escuros de um vermelho sanguíneo. Esses nativos são discretos com

---

* Atriz inglesa, casada com o ator Laurence Fox. A expressão "coelhos fervidos" é uma referência ao filme *Atração Fatal*, no qual uma mulher (Alex, interpretada por Glenn Close) mata o coelho de estimação da filha de seu amante (Dan, interpretado por Michael Douglas) e o ferve numa panela, por ter sido desprezada por ele. (N. do T.)

relação a seus sentimentos, mas, como um vulcão ardente, mais cedo ou mais tarde, as coisas aparecem e tudo vira um caos.

O controle nem sempre funciona, mas o Sol em Virgem vai se esforçar para manter seus sentimentos controlados. São nativos leais e intensos.

Essência Floral de Bach *Chicory*: *"Estão continuamente afirmando o que consideram errado e o fazem com prazer".*

Lua em Sagitário

Acho que é possível venerar Deus à sua maneira.
O importante é que sei que meu Redentor vive.
– Harry Secombe

Para um virginiano, a Lua em Sagitário remete à crença, não necessariamente em Deus ou num Propósito Superior, mas uma crença na expansão da mente. Uma mente culta os atrai. Esses nativos gostam de viagens e de outros países, e se sentem bem quando navegam por sites de férias com atividades radicais ou em lugares distantes. O sentido da vida é uma busca constante.

Essência Floral de Bach *Agrimony*: *"Escondem suas preocupações por trás de seu bom humor e de suas brincadeiras e tentam suportar seu fardo com alegria".*

Esta Essência aparece sob o subtítulo "Sensibilidade excessiva a influências e opiniões".

Lua em Capricórnio

Desde os 16 anos, sinto algo como uma
nuvem escura pairando sobre mim.
Desde então, tomo comprimidos para combater a depressão.
– Amy Winehouse

Nos seus bons dias, o virginiano com Lua em Capricórnio, signo regido pelo severo Saturno, é responsável pela família e pelos entes queridos, e aceita o fato de que a vida tem altos e baixos. Num dia ruim, ele mergulha no humor mais pesado. Ele se sente melhor quando sabe que aquilo que está fazendo tem algum valor para a família. Ele gosta de companhia mais velha e da presença de pessoas que têm experiência em alguma coisa na qual ele gostaria de ser hábil.

Essência Floral de Bach *Mimulus*: *"Para medo de coisas terrenas: doenças, dor, acidentes, pobreza, escuridão, solidão, infortúnio. São os medos da vida diária. As pessoas que necessitam deste medicamento são aquelas que, silenciosa e secretamente, carregam consigo medos sobre os quais não falam a ninguém".*

Lua em Aquário

Somos amigos há quase cinquenta anos.
Até que é divertido estar com ela e viajar juntos.
– Larry Hagman

Para um virginiano, uma Lua em Aquário significa a combinação entre o altruísmo, o planeta, as amizades e a liberdade, e sua busca pela pureza. Esta Lua é mais capaz de analisar e de pensar *sobre como* se sente em vez de *sentir* de fato as emoções. Esses nativos gostam de tecnologia e de tudo que é elétrico: painéis solares, computadores, aparelhos digitais; quanto mais excêntricos, melhor.

Essência Floral de Bach *Water Violet*: *"Para aqueles que gostam de ficar sozinhos, que são independentes, capazes e autoconfiantes. São indiferentes e seguem seu próprio caminho".*

Lua em Peixes

Em diversas ocasiões, quando estou dançando,
sinto-me tocado por alguma coisa sagrada.
–Michael Jackson

Como último signo do Zodíaco, um signo que leva a culpa pelo *karma* dos demais, a Lua em Peixes pode ser tão frágil em termos emocionais que às vezes ela implode por causa de tanto estresse. Ela se sente melhor brincando com as fadas ou sonhando, cuidando de bichos perdidos ou dessas coisas que foram abandonadas e esquecidas. Ela consegue sentir a dor dos outros.

Essência Floral de Bach *Rock Rose*: *"Para casos em que parece não haver qualquer esperança ou quando a pessoa está muito assustada ou aterrorizada".*

Capítulo 5

♍ *As casas* ♍

Dependendo da hora do dia do nascimento, a localização do Sol num mapa pode variar; portanto, para compreender este capítulo, é necessário ter um horário relativamente preciso de nascimento.

Um virginiano nascido por volta das 6h deve ter o Sol em algum ponto próximo da primeira casa, pois o Ascendente e a primeira casa representam o Sol que se levanta no horizonte oriental. É o ponto onde o Sol surge no começo do dia.

Por isso, se você se lembrar de que a posição do Sol nas casas representa a hora do dia do nascimento, fica mais fácil compreender o que são as casas.

Se presumirmos que a colocação dos planetas no horário e na data de nascimento tem alguma importância, e que nosso mapa astral é uma pequena representação do céu tal como visto da Terra, então, evidentemente, quando a Terra gira e percorre sua órbita ao redor do Sol, a posição do Sol no céu muda durante o dia (e a noite).

Lembre-se, a Astrologia baseia-se em nossa visão do firmamento. Usamos dados astronômicos, mas nós os interpretamos de um modo muito mais personalizado.

74

♍ As casas ♍

Para tornar a vida mais fácil, estamos usando a matemática e os graus em vez de meros conceitos vagos.

E eis-nos aqui: dividimos o universo em doze segmentos iguais. Cada um deles representa um signo do Zodíaco, e esses segmentos são um conceito matemático fixo. Um círculo contém 360 graus. Cada casa possui 30 graus. Portanto, 30 graus vezes 12 igual a 360 graus.

Sabemos que o Sol se move no céu conforme a hora do dia e da noite, e também conforme a época do ano, pois à medida que ele avança (do ponto de vista na Terra) pelo céu e às vezes no ano, ele fica mais alto ou mais baixo em seu caminho.

Na verdade, você não precisa compreender isso para entender um mapa, mas ajuda ter um pouco de conhecimento prévio. Para as finalidades deste livro, tudo que você realmente precisa saber é em que casa o Sol em Virgem estará.

Só para lhe dar um pequeno exemplo:

A Rainha e o Astronauta

A rainha Elizabeth I da Inglaterra nasceu em 17 de setembro de 1533 às 14h45.

Edgar Dean Mitchell, astronauta (sexto homem a pisar na lua), nasceu em 17 de setembro de 1930 às 4h30.

Os dois nasceram na mesma data; por isso, se você segue apenas a Astrologia dos signos solares, vai pensar que tinham a mesma personalidade. A rainha e o astronauta eram a mesma pessoa?

Nem de longe.

A rainha Elizabeth tinha o Sol na nona casa, enquanto Edgar tinha o Sol na primeira casa.

♍ Como acalmar um virginiano ♍

A rainha Elizabeth tinha Ascendente em Capricórnio e Lua em Touro, enquanto Edgar tinha Ascendente em Leão e Lua em Câncer.

Seus mapas não podiam ser mais diferentes, isso sem mencionar o fato de os outros planetas estarem em signos diferentes!

Agora que você montou o mapa astral de seu virginiano, descobriu seu Ascendente e o signo de sua Lua, você pode ler as informações adicionais sobre a localização e a casa de seu Sol no mapa.

Chamamos a localização de "casa" (antes, era chamada de "mansão") porque é como se o posicionamento do planeta no mapa fosse sua casinha. Casa = lar. É um modo de dizer algo que talvez ficasse prolixo demais.

Se quisesse ser astronomicamente correta, eu teria de dizer o seguinte, no caso da rainha Elizabeth: "Seu Sol está localizado a 24 graus de Virgem, 3 minutos e 36 segundos, posicionando seu Sol aproximadamente a um ângulo de 108 graus com relação ao Ascendente...". Para mim, "Sol na nona" soa bem mais fácil!

A Primeira Casa: Casa da Personalidade

O segredo de seguir em frente é começar.
– Agatha Christie

Como a primeira casa do horóscopo fica perto do Ascendente, ter o Sol nela é o indício de que a pessoa é proativa, autoconfiante e capaz de agir. Este não é um território para medrosos. Ela gosta de ação, de agressividade (não do tipo violento) e de energia. Bom para iniciar projetos e liderar.

A Segunda Casa: Casa do Dinheiro, de Bens Materiais e da Autoestima

E algumas das músicas falam de dinheiro.
Vamos contar como são as coisas.
Se você ligar o rádio, vai perceber...
É dinheiro, dinheiro, dinheiro, dinheiro,
já faz vários anos, sem parar.

– Van Morrison

A segunda casa é similar a Touro, mas não a mesma coisa que ele, e por isso exibe um interesse em coisas que podem ser vivenciadas fisicamente. Como esta também é a casa da "autoestima", ter o Sol nela produz uma pessoa firme e confiável, que conhece seu próprio valor e o do dinheiro e dos bens materiais.

A Terceira Casa: Casa da Comunicação e de Viagens Curtas

Tédio: o desejo de ter desejos.

– Liev Tolstói

A terceira casa adora a comunicação. Qualquer coisa que a possibilite, como a escrita, telefonemas, e-mails, cartas, diários, ou mesmo conversas casuais com todos à sua volta – tudo isso deixa feliz o Sol nessa casa. Como viagens curtas também estão relacionadas a esta casa, você eventualmente pode perceber que seu virginiano gosta de sair caminhando pelas ruas, pelas estradas e pelos caminhos da região.

A Quarta Casa: Casa do Lar,
da Família e das Raízes

Sei que sou talentosa, mas não vim ao mundo para cantar.
Vim para ser esposa e mãe e cuidar da minha família.
– Amy Winehouse

Esta é a casa do lar e das raízes. Com o Sol em Virgem nela, as questões se concentram nas pessoas mais próximas e queridas. Educação em casa, trabalho em casa, ser dono ou dona de casa, mãe ou abraçar brinquedos macios e pequenos animais são importantes para quem tem essa posição no mapa.

A Quinta Casa: Casa da
Criatividade e do Romance

Ao longo dos anos, aprendi que você pode se descobrir,
descobrir seu próprio estilo, por meio de
seu instrumento e não de outras pessoas.
– Kenney Jones

Como a quinta casa está associada ao signo de Leão e relaciona-se com ele, temos aqui um virginiano que pode gostar de ficar sob os holofotes. É preciso ter alguma forma de criatividade, por isso seu virginiano talvez queira realizar algo na área musical, artística ou dramática. Como esta também é a casa de um signo de Fogo, nela o Sol em Virgem quer ser mais ativo do que passivo, e se o tapete vermelho puder ser estendido... tudo estará bem.

A Sexta Casa: Casa do Trabalho e da Saúde

Eu sempre acabo meu trabalho
antes de me distrair.
– Edwin Moses

Na Astrologia, esta é a casa que chamamos de "lar natural" do signo solar de Virgem, pois este é o sexto signo do Zodíaco. Com o Sol nela, todas essas qualidades virginianas são ampliadas e aumentadas de algum modo. Como esta também é a casa do trabalho, temos aí uma pessoa que consegue focalizar suas tarefas e ser produtiva.

A Sétima Casa: Casa dos Relacionamentos e do Casamento

Segure seu homem com os braços bem abertos –
é uma ótima imagem, eu sempre fiz isso.
– Pauline Collins

Quando vejo que um cliente tem o Sol na sétima casa, sempre dou um conselho astrológico: "Encontre um(a) companheiro(a)!". Esta é uma necessidade tão fundamental para as pessoas da sétima casa que, sem companhia, elas se sentem perdidas e incompletas.

A Oitava Casa: Casa da Força Vital no Nascimento, no Sexo, na Morte e na Vida Após a Morte

Eu gostava mais de Dallas porque era mais ilusória;
você podia fazer mais coisas lá.
– Larry Hagman

Ninguém mexe com um Sol da oitava casa. Ele tem a capacidade de suportar e de desfrutar versões extremas da existência. Sua intensidade é igualada à do oitavo signo, Escorpião, e isso pode resultar num virginiano tenaz e determinado.

A Nona Casa: Casa da Filosofia e de Viagens Longas

Existe uma coisa mais elevada do que a realeza:
é a religião, que faz com que deixemos
o mundo e busquemos a Deus.
– Rainha Elizabeth I

A nona casa ocupa-se de questões elevadas. Essas coisas que ampliam nossas crenças e filosofias. Com o Sol em Virgem nessa casa, você vai encontrar satisfação em viagens de longa distância, na educação continuada e na filosofia. No mínimo, haverá o desejo de viajar e de ver o mundo. Quanto mais longa a distância, melhor.

♍ As casas ♍

A Décima Casa: Casa da Identidade Social e da Carreira

Tenho contratos, obrigações e parceiros
que dependem de mim.
– Claudia Schiffer

Agora, temos aqui o posicionamento do Sol que é o ponto mais elevado que ele pode atingir, e geralmente a pessoa nasceu por volta da hora do almoço. Como esta é, literalmente, uma posição elevada do mapa astral, você vai encontrar alguém que quer ter sucesso na carreira. Pessoas com essa posição também se preocupam com o modo como são vistas pelos outros e desejam obter respeito e reconhecimento.

A Décima Primeira Casa: Casa da Vida Social e da Amizade

Não tenho senso de patriotismo,
mas tenho um senso de comunidade.
– Chrissie Hynde

Este é um posicionamento solar mais sociável e incorpora amizades e a relação social que criamos com as pessoas que nos rodeiam e que têm interesses similares aos nossos. O Sol nesta casa faz com que a pessoa se sinta feliz trabalhando em grupo, que fique menos focada em relacionamentos íntimos. A turma, o clube, a sociedade, a organização; o fato de ser membro de um grupo pequeno, médio ou grande de pessoas e de interesses encontra ressonância.

♍ Como acalmar um virginiano ♍

A Décima Segunda Casa: Casa da Espiritualidade

A Astrologia abalou minha crença num
universo racional e me lançou numa
curva de aprendizado na qual continuo.
– Marjorie Orr

Esta é uma posição mais complicada para o nativo com o Sol em Virgem, pois a décima segunda casa é similar ao signo de Peixes, seu signo oposto. Por isso, em vez de termos alguém focado, analítico e organizado, podemos encontrar uma pessoa que deseja misturar-se com o cenário e sonhar a vida toda. Há o desejo de atingir o mundo espiritual e de brincar com os anjos, ler as estrelas ou ficar deitado na banheira enquanto pensa na jornada da vida.

Capítulo 6

♍ *As dificuldades* ♍

Você conheceu um pouco a personalidade de Virgem; agora, vamos estudar o tipo de dificuldade que você pode encontrar. Uma coisa é certa: não se abale com essas características críticas dos virginianos – eles também podem ter um senso de humor excêntrico.

O comediante Lenny Henry é virginiano, e eu gosto desta frase dele: "Eu ficaria longe do Ecstasy. Essa droga é tão forte que faz com que os brancos pensem que podem dançar."

Porém, como todo signo, alguns aspectos de seu virginiano vão enlouquecer você, e outros serão incompreensíveis, por isso analisei alguns aqui.

São situações que encontro em meu atendimento profissional e baseiam-se em problemas reais.

"Meu virginiano quer que eu faça as coisas exatamente do jeito dele"

Esta é uma queixa comum. Se você imaginar que seu virginiano gastou milhões de anos-luz de energia pensando e imaginando a "melhor" maneira de "fazer" alguma coisa, você vai entender

♍ Como acalmar um virginiano ♍

um pouco por que ele gosta de fazer isso dessa forma. Bem, isso é diferente do modo leonino de fazer as coisas; este faz as coisas do mesmo modo porque não experimentou fazer de outro jeito... ou do pisciano, que nunca faz as coisas da mesma maneira porque raramente está aqui no planeta... mas seu virginiano é diferente. Ele não só terá tentado "fazer" seja lá o que for de um monte de maneiras diferentes como terá pensado bastante nisso a ponto de seu pobre cérebro ficar exausto de tanto pensar, e ele vai querer apenas desfrutar de paz. Então, aparece você sugerindo empurrar o sofá um metro para a esquerda do lugar onde esteve nos últimos meses ou anos em sua casa... e o que você basicamente está lhe dizendo é que o tempo e a energia que ele dedicou àquele posicionamento não só foram "desperdiçados" como foram inúteis. Não faça isso!

Você precisa se lembrar também do seu signo. Se você é de Gêmeos, gosta de mexer na posição das coisas para dar a impressão de que elas mudaram, porque você gosta de mudanças... Se você é de Libra, você quer que as coisas "tenham uma aparência" determinada... Seu virginiano terá descoberto, por meio de cuidadosas deduções e experimentações, exatamente como e por que ele gosta das coisas daquela maneira; por isso, poupe-se da dor de cabeça e deixe as coisas como estão. Se alguma coisa pertence exclusivamente a você, mova-a, evidentemente, mas não o faça com as coisas de que seu virginiano gosta muito ou que são só dele.

"Meu virginiano é tão tímido que não quer sair para se divertir comigo"

Geralmente, esta é uma queixa de signos de Fogo ou de Ar. Esses signos são sociáveis e gostam da interação com pessoas

♍ As dificuldades ♍

que pensam como eles, gostam do duelo da conversação, gostam de "fazer" coisas e de se manter ativos... e se perguntam como é *possível* um virginiano ser feliz fazendo algo tão entediante ou pouco interessante quanto pesquisar, ler uma revista ou montar um quebra-cabeça. Neste ponto, preciso falar alguma coisa sobre os virginianos e o tédio. Virgem não é um signo entediante. Pode parecer assim se você corre para lá ou para cá... e ele fica em casa, entretido com um romance emocionante ou colocando os toques finais em alguma coisa que criou... para o virginiano, não é entediante ser contemplativo. Não é entediante simplesmente "ser"... A mente de um virginiano fica bastante atarefada, e isso consome muita energia.

Se quiser *mesmo* levar seu virginiano a uma festa, você terá de garantir que haverá um lugar no qual ele poderá se refugiar, como a cozinha, ou que uma pessoa com quem ele poderá se entender irá à festa, ou que o lugar (ou a experiência) poderá interessá-lo. Além disso, se você lhe der vários avisos (nem precisa dar pistas, basta avisar), ele ficará bem contente por lhe fazer companhia.

Se essa é a primeira vez que você namora alguém de Virgem, lembre-se de que essa pessoa não terá muita pressa para apresentar você à "família" porque aquilo que aproximou vocês talvez não corresponda aos ideais da família. Diferentemente dos signos de Fogo, que arrastam você para conhecer papai e mamãe quase no primeiro encontro, os virginianos vão dar algum tempo até poderem conversar antes com seus pais. Não apresse os virginianos. É a maneira mais rápida de irritá-los.

"Meu virginiano não parece se incomodar muito com as coisas importantes da vida, mas fica aborrecido se eu mudo o queijo de lugar/deixo manchas de água na pia/ esqueço o nome de..."

Temo que este seja um território extremamente virginiano. Aparentemente, eles não se preocupam muito com o fato de você ligar ou não. E eu disse "aparentemente". Na verdade, eles se importam, e muito, mas não conseguem pensar no assunto durante muito tempo porque ele fica girando em sua cabeça e não encontra solução; por isso, "fazer" alguma coisa com relação àquilo que eles conhecem deixa-os um pouco melhor. Talvez não faça com que você se sinta melhor, mas é que cada signo lida de forma diferente com as coisas. Essas "coisas importantes" com que você se preocupa também vão preocupar seu virginiano, mas ele sabe muito bem que já fez o possível para amenizar os problemas, e agora, daquela forma prática e típica dos signos de Terra, ele está concentrado nas coisas que ele *pode* mudar... ou seja, o lugar onde o queijo foi guardado. E, se você mudar a posição do queijo, o mundo vai acabar (no sentido figurado, não literal), porque ele não *precisava* ser movido, e, se você o moveu, está fazendo coisas contrárias a seu fluxo mental, o que, para um virginiano, não é nada bom.

Não me entenda mal. Os virginianos não gostam de ficar pensando o tempo todo no lugar onde o queijo foi guardado. Eles já chegaram à conclusão de que a segunda prateleira da geladeira é o melhor lugar, pois a temperatura ali é média, e se ele for posto noutra prateleira, vai mofar ou perder a validade mais rapidamente. Ele já pesquisou isso.

Imagine que ele queira fazer um sanduíche de queijo: ele não quer ter de procurar o queijo antes de preparar o sanduíche.

♍ As dificuldades ♍

Ele quer apenas prepara o sanduíche facilmente, sem ter de pensar no queijo, no pão ou nos complementos... isso já é pensar demais. Enquanto ele está preparando o sanduíche, ele pode estar pensando na revisão do carro, em quanto tempo vai levar até terminar aquela tarefa na qual ele está envolvido, ou que ele precisa comprar mais tinta ou papel para a impressora/gasolina/selos/tinta/carvão/lenha/biscoitos/creme hidratante porque o estoque está diminuindo, mas posso assegurar que o virginiano médio *não pensa* naquilo que está fazendo enquanto está fazendo... a menos que alguma coisa esteja diferente ou tenha mudado de posição... e você mudou o queijo de lugar e agora ele só consegue pensar em "Onde ela botou o queijo?", "O que eu teria dito/feito/sugerido para que ela pusesse o queijo na prateleira de baixo, quando ela *sabe* que deixá-lo ali vai torná-lo mais suscetível de mofo/deterioração?"... e assim por diante. Uma dica: não mexa na posição das coisas de que eles gostam ou com as quais se preocupam – não vale a pena.

Capítulo 7

♍ *As soluções* ♍

Agora que você aprendeu um pouco de Astrologia, a montar um mapa, a descobrir o signo da Lua e sabe a posição do Sol do virginiano no mapa, você está apto a compreendê-lo melhor.

Não está?

Não?

Não se preocupe... Como este é um livro prático, vamos descobrir como fazer algumas mudanças sutis em sua vida para garantir a paz doméstica. Mantenha à mão as Essências Florais de Bach, pois você vai precisar de essências diferentes para o Ascendente e a Lua.

Que coisas preocupam os virginianos? Não tenho espaço neste livro para relacionar todas, mas vou lhe mostrar um pequeno exemplo de uma jovem que estava enfrentando as características de seu signo solar, sua ocupação... e seu perfeccionismo:

"DETESTO SER VIRGINIANA
Características tradicionais de Virgem:
Modesta e tímida
Meticulosa e confiável
Prática e diligente

Inteligente e analítica
E do lado sombrio...
Detalhista e preocupada
Excessivamente crítica e seca
Perfeccionista e conservadora.

O que mais detesto no fato de ser virginiana é a parte do perfeccionismo. Isso me frustra muito. Faz com que eu deteste minha própria arte. Quando tiro uma foto, ou eu a odeio na hora, ou a adoro, mas começo a detestá-la uma semana depois. Fico apagando fotos e mais fotos da minha galeria só porque não consigo acreditar que possa ter considerado como arte alguma dessas obras.

O problema é que comecei a amar a arte. Passo horas estudando artistas e aprendendo um pouco dos diversos estilos de arte. Isso me levou a querer ter sucesso e a querer que as pessoas 'adorem' meus trabalhos (um pouquinho mais de feedback seria suficiente). Não apenas meus amigos, que gostam da minha arte porque gostam de mim. Quero entrar para uma boa faculdade de artes e ganhar a vida com minha fotografia no longo prazo. Quero viver e respirar arte e criatividade...

Sei que isso parece meio desesperado, mas quando estou tirando fotos, meu coração bate mais forte e os cantos da minha boca curvam para cima.

E fico com lágrimas nos olhos quando uma foto me dá orgulho, mas ninguém parece compartilhar essa opinião. Isso faz com que eu me sinta muito insegura, tenho vontade de espatifar a minha câmera. Mas, em vez disso, simplesmente registro minhas frustrações. Talvez eu esteja sendo egocêntrica, desejando sucesso para mim mesma. Porém é muito frustrante para mim o fato de que, aparentemente, não tenho talento para viver a vida que quero ter".

Como pudemos ver, essa jovem deseja ser fotógrafa, mas está tão concentrada em ser uma fotógrafa *perfeita* que não se permite simplesmente "ser" uma fotógrafa. E, como já pudemos entender, ela fica brava consigo mesma só de *pensar* que pode ser boa um dia. Que dilema! Ela quer um *feedback* crítico, mas não dos amigos. Felizmente, tudo se resolveu rapidamente quando alguém respondeu a ela e colocou seus trabalhos num website de arte.

Lembre-se do seu signo – este é um fator determinante para sua capacidade de se entender bem com seu virginiano, e neste capítulo dividi algumas sugestões segundo os diversos signos do Ascendente ou da Lua, levando em conta que esses conselhos são dirigidos aos virginianos.

Ascendente ou Lua em Áries

Se esse virginiano estiver aborrecido, você terá de agir rapidamente, porque essa combinação de signos move-se bem depressa. Nesse caso, ele vai precisar de alguma atividade. Áries é regido pelo planeta Marte, e por isso a melhor solução para um virginiano abalado e com um Ascendente tão forte é tirá-lo de casa para uma *longa* caminhada. Falar sobre o problema não vai funcionar. O Ascendente em Áries quer AÇÃO (diferentemente de Leão, que quer CÂMERA! AÇÃO!). Aulas de tai-chi, judô, corrida, esgrima, esportes baseados em ação. Nada competitivo, pois do contrário esta combinação pode lhe dar uma pancada na cabeça se as coisas não saírem como ele deseja, e este livro foi escrito para ajudar seu virginiano...

As soluções

Ascendente ou Lua em Touro

Agora, as energias ficam mais lentas. Para que seu virginiano se sinta melhor, tire uns bolinhos (com baixas calorias, sem açúcar) da despensa. Escute-o durante alguns minutos e depois marque para ele uma massagem de cura, holística e/ou aromaterapêutica, bem relaxante. Quanto antes, melhor. Touro quer que suas necessidades básicas sejam atendidas, e elas são comida, sexo e contato físico. O *corpo* é importante nesse caso.

Ascendente ou Lua em Gêmeos

Esquente a chaleira. Pegue os livros. Cite a Bíblia (qualquer versão – todas são boas). Deixe os livros por perto. Discuta. Discuta um pouco mais. Procure soluções funcionais. Ouça. Mexa a cabeça, assentindo de vez em quando. Sorria. Pareça confiante e fale como se soubesse o que ele está pensando. Leve-o para um curto passeio de carro pela vizinhança e em pouco tempo ele se abrirá. Deixe-o falar, pois as energias mentais do Ar precisam pensar, e ele não vai conseguir fazer isso se estiver aborrecido, mas falar sobre o que está acontecendo vai dar foco ao seu pensamento.

Ascendente ou Lua em Câncer

Neste caso, você vai precisar de baldes de simpatia. Câncer é um signo de Água, e essa pessoa precisa muito de *compreensão*. Não dá para ficar dizendo "sei, sei", fingindo interesse. A menos que você tenha passado pelo que Câncer passou, você está fora do jogo. A melhor estratégia é esquentar (de novo) a chaleira, desligar o celular, parecer calmo e simpático, reclinar-se no espaço de Câncer, imitar sua linguagem corporal e preparar os lenços. Os cancerianos precisam chorar, e geralmente se sentem bem melhor depois disso.

Ascendente ou Lua em Leão

Segundo signo de Fogo do Zodíaco. Mas você nunca diria isso, porque os leoninos pensam que são especiais e únicos e precisam de muita atenção. "Tudo bem, tudo bem" ajuda bastante. "Como posso ajudar? O que posso *fazer*?" também. Os signos de Fogo gostam de ação; Áries gosta de ação física, enquanto Leão gosta de ação em companhia. Ele quer um público para o qual possa demonstrar e representar sua história. Quanto mais gente, melhor! Você não vai precisar de lenços de papel; Leão precisa estar sofrendo de verdade para chorar, e costuma fazê-lo em silêncio, sozinho.

Ascendente ou Lua em Virgem

Fiquei tentada a aconselhar chamar o médico, pois Virgem se preocupa *muito* com a saúde. Quando se aborrece, porém, o virginiano duplo preocupa-se bastante, até você ter vontade de gritar "ACALME-SE!". Esta não é uma estratégia útil, mas passa pela sua cabeça depois de ouvir *todos* os detalhes do ocorrido. O virginiano duplo não gosta muito de falar, porque isso faz com que ele se sinta pior. Ele pode tomar uma Essência Floral. *Centaury* é bom, ou o remédio homeopático *Ignatia*. Abalos emocionais também afetam a saúde física do virginiano, que pode ter problemas de estômago, asma, ou uma série de situações de saúde sem relação aparente, quando na verdade precisam apenas se deitar em silêncio e desligar o cérebro durante algum tempo.

Ascendente ou Lua em Libra

Você vai precisar novamente dos lenços. Vai precisar também de um ambiente calmo e tranquilo, agradável. Libra/Virgem é muito sensível ao ambiente, e como Libra é "regido" por Vênus, ele responde melhor à beleza e à concórdia. Pode precisar de um questionamento suave; ter chá à mão é bom, mas melhor ainda seria um grande buquê de rosas ou uma suave massagem com aromaterapia. As coisas precisam ser equilibradas e justas para Libra/Virgem. Todos precisam ter uma noção daquilo que está acontecendo. Lembre-o de que se ele quiser levar em consideração o ponto de vista de todas as outras pessoas, isso vai cansá-lo ainda mais; por isso, seria melhor encontrar apenas uma estratégia para "prosseguir".

Ascendente ou Lua em Escorpião

Pouca coisa fica visível com esta combinação. Eles sentem as coisas com tamanha profundidade e intensidade que, se você fosse capaz de enxergar o que estão sentindo, talvez ficasse chocado. Cores escuras, vermelho-sangue, anseios profundos. A solução é dar-lhes muito espaço. Metros e metros. Um lugar no qual eles possam meditar, ponderar e ansiar sem absorver tudo à sua volta, como um buraco negro. Na verdade, se você imaginar um buraco negro, não estará muito longe do significado desta combinação. Se você é uma pessoa forte, mantenha-se ao alcance e fique centrado. Se você for frágil, vá faze compras até ele ter se recuperado. Não há muito que possa ser feito para "ajudar", pois essa combinação prefere se perder na emoção. Ele pode escrever uma música ou um poema, ficar completamente bêbado ou tomar remédios e mais remédios. Ele pode querer vingança, por isso mantenha sua atenção e saiba que, se houver outras pessoas envolvidas quando um Escorpião/Virgem estiver aborrecido, cabeças podem rolar. Uma sugestão útil é fazer com que seu Escorpião/Virgem escreva uma carta para as pessoas envolvidas, queimando-a depois num ritual. Fazer coisas radicais como esta ajuda bastante.

Ascendente ou Lua em Sagitário

Se puder visitar uma igreja ou fazer um retiro espiritual, se conhecer um ou dois monges tibetanos, isso vai ajudar consideravelmente. A parte sagitariana da equação precisa compreender os motivos e os *portantos* espirituais. Como a Lua em Gêmeos, a Bíblia ajuda, mas qualquer coisa inspirada por um adepto divino vai fazer com que o Sagitário/Virgem agregue significado às suas circunstâncias. Ah, ele pode fazer alguns comentários bem pessoais – ignore-os!

Ascendente ou Lua em Capricórnio

Seja prático, realista e desfaça a nuvem do senso de humor árido. Esta combinação reage bem ao bom humor "dos velhos tempos". Comédias de pastelão, filmes antigos. Primeiro, porém, relacione a partir de uma perspectiva sensata tudo que deu errado. Fale de coisas reais, de dinheiro, de planos, do futuro. Depois que ele estabelece uma meta clara para o futuro, ele se alegra imensamente. Você terá de discutir a verdade e não se esconder por trás de amenidades. As combinações envolvendo Libra ficam contentes quando todos participam; as combinações com Capricórnio preferem uma solução, um vencedor, um perdedor. Obviamente, eles preferem não ser o perdedor, mas, de modo geral, eles não esperam muito da vida, por isso raramente se desapontam. Eles esperam que tudo vá piorar. Tente orientá-lo para a ideia de que é legal se divertir e aproveitar a vida.

Ascendente ou Lua em Aquário

Qualquer menção a uma instituição de caridade importante ajuda, pois Aquário é o signo da autonomia e do benefício à "humanidade". Uma vez, recomendei a um cliente que tinha uma pessoa com a Lua em Aquário em sua vida que desse dinheiro à instituição de caridade preferida dela, pois isso ajudaria a pessoa a compreender como meu cliente era dedicado a ela. Se você conseguir envolver um pouco mais do mundo na equação, melhor ainda. Assegure-se de que o senso de liberdade e de individualidade do Aquário/Virgem não foi perdido, e elimine a possibilidade de que isso ocorra, caso contrário você terá uma pessoa arrasada nas mãos.

Ascendente ou Lua em Peixes

Esta é a combinação astrológica da sensibilidade. Por favor, seja gentil com eles. Imagine que são seres com asas frágeis, anjos disfarçados, seres de outro planeta, e você terá uma ideia de como ajudá-los melhor. Eles não vão ouvir o que você disser, mas vão sentir; e talvez você ache que não absorveram nada. No entanto eles terão absorvido, sim. É que leva algum tempo para que suas palavras sejam filtradas em meio a todas as coisas que estão na cabeça deles. Acenda uma vela, queime um incenso, ponha o Tarô dos Anjos ou use qualquer outra forma de adivinhação para ajudá-lo. O I Ching é bom, e conheço virginianos com essa combinação que acreditam mais no "oráculo" do que numa carta do banco ou numa conversa com um amigo de confiança. Por isso, aprenda uma ou duas técnicas psíquicas e use-as para ajudar vocês dois.

Capítulo 8

♍ Táticas para acalmar ♍

Tento não pensar na minha vida.
Não tenho vida. Preciso de terapia.
– Keanu Reeves

Agora que sabemos como um virginiano sente as coisas e conhecemos a forma como ele pensa, vamos abranger os diversos tipos de virginiano que você vai encontrar na vida real e saber como aproveitar ao máximo sua companhia.

Seus Filhos de Virgem

Seus filhos virginianos, como todas as crianças, precisam ter alguma rotina na vida. Eles vão se sentir melhor tendo algo em que se concentrar, e tendem a gostar de colecionar coisas.

Eis o que minha mãe, Jean English, escreveu sobre meu irmão mais velho, que é de Virgem, quando ele tinha uns 3 anos de idade em seu livro de memórias *Backward Glances*:

Ele gostava muito de quebra-cabeça, por isso comprávamos sempre um novo. Quando saíamos para fazer compras, ele ficava entretido na mesa da cozinha até voltarmos. Às vezes, ele virava o quebra-cabeça para baixo e o montava sem ver a imagem.

Ele também adorava livros e leitura, a ponto de, já adulto, ter se tornado dono de um sebo de livros.

O maior desafio para minha mãe eram seus hábitos alimentares:

Ele era muito seletivo com a comida e gostava de poucas coisas. Sua refeição favorita era *bacon* frito e queijo gratinado... Ele adorava geleia de morango com chantili, por isso volta e meia comíamos bolo esponja ou bolinhos com geleia e creme.

Eu me lembro de que ele não gostava de ervilhas e da maioria das verduras, e que uma vez ele disse que nozes tinham gosto de "pedaços de casca de árvore", mas como nunca comi muitas cascas de árvore, não posso confirmar essa associação...

Se o seu filho virginiano é enjoado para comer, não faça um estardalhaço; apresente os pratos da maneira mais apetitosa possível e dê-lhe algumas opções. Ajudar a criança a fazer escolhas sempre lhes dá uma noção de valor pessoal. Se ele for sinestésico, a comida precisa transmitir uma boa *sensação*; portanto descubra as texturas de que ele gosta. Alguns alimentos são crocantes, outros são macios... talvez você nunca pense nessas coisas quando está dando comida para um bebê, mas seu filho virginiano terá preferências. Normalmente (e digo isso com reservas), as crianças de Virgem costumam ser bem fáceis de criar. Podem ficar felizes da vida brincando com um jogo e não precisam de muitas instruções. Podem ser mais

♍ Táticas para acalmar ♍

tímidas do que as de outros signos, mas leve em conta o signo do Ascendente e da Lua, pois eles podem ajudá-lo a diferenciar o que é necessário e a saber quando deve agir. A Lua entra em jogo quando as emoções estão envolvidas, e o Ascendente, que foi determinado na hora do nascimento, vai orientá-los quando eles começarem um projeto, alguma coisa nova ou forem a um lugar qualquer pela primeira vez. Uma criança de Virgem com Ascendente em Leão, por exemplo, começa alguma coisa rapidamente, é um pouco impaciente (como todos os nativos de signos de Fogo), fica menos paralisada no palco e é mais capaz de se mostrar sorridente e amigável.

Eis uma mãe falando de sua filha virginiana:

> *"É chatinha para comer – prefere ir dormir com fome do que comer certos alimentos. Sempre que ouve falar numa doença, ela me pede para que a leve ao médico para fazer um exame. Ela mesma faz a cama quando nos hospedamos em algum lugar. Neste fim de semana, fomos viajar e ela ficou chorando porque o quarto não atendia às suas expectativas".*

Para compreender seu filho virginiano e prevenir choros e aborrecimentos, leve em conta o que ele quer, como disse a astróloga Maritha Pottenger, "brilhar por sua competência, por ser pragmático e por sua discrição... Numa reviravolta irônica, é provável que ele chame atenção por sua capacidade de evitar chamar a atenção!".[19]

Meu enteado é carpinteiro. E é bom no que faz. Tão bom que, quando tinha 19 anos, ganhou o prêmio de "Melhor Carpinteiro da Região Oeste". O motivo pelo qual mencionei isso é que sua atenção para com os detalhes o ajudou a escolher uma carreira, em vez de prejudicá-lo. Ele não alardeou esse prêmio e nem mesmo se inscreveu para a competição; seus empregadores o fizeram porque viram a qualidade de seu trabalho. Por isso, se você está pensando no melhor trabalho para quando seu filho virginiano for adulto, seria bom pensar em uma área na qual ele possa usar suas faculdades de questionamento e atenção aos detalhes.

Seu Chefe Virginiano

Se o seu empregador é de Virgem, por favor, lembre-se de todos os conselhos que já apresentei. Não mexa nas coisas de que ele gosta nem mude-as de lugar, seja discreto e gentil, não faça coisas inesperadas com muita frequência, e ele será seu amigo pelo resto da vida caso você saiba onde ficam os analgésicos e o estojo de primeiros socorros. Eu mesma nunca tive um chefe de Virgem, não que eu saiba, pois muitos dos virginianos que conheço são autônomos.

Concordo com Linda Goodman, que disse que "o virginiano típico se sente melhor como o poder por trás do trono, aquele que leva adiante, de modo confiável, as ideias originais dos outros".

O que ela está querendo mostrar é que um virginiano se sente melhor como o suporte de uma organização, e não como sua força motora. Ele fica feliz nos bastidores, garantindo que tudo será feito da maneira correta e que os sistemas serão implementados adequadamente.

Conheço algumas enfermeiras de Virgem que levam seu trabalho muito a sério. Costumo dizer que prefiro tomar uma injeção aplicada por uma enfermeira virginiana do que por

♍ Táticas para acalmar ♍

enfermeiras de qualquer outro signo. No mínimo, ela vai poder garantir que a dose do medicamento foi a prescrita!

Se o seu chefe é de Virgem e você consegue focar sua atenção nas coisas que ele valoriza, seu trabalho será mais tranquilo.

Eis Janette falando de seu chefe virginiano na agência de assessoria de imprensa onde trabalhavam:

> *"Muito bem-sucedido e implacável nos negócios. Sua segunda esposa também era bem-sucedida, ambos num nível internacional, e ele valorizava isso e aparentemente não fazia objeções nem tinha ciúmes por causa disso. Na verdade, creio que era quase uma necessidade. Muito crítico com relação aos demais, mas creio que abrandou isso depois. Costumava exagerar muito e se sentia à vontade com o estilo dos assessores de imprensa, uma área na qual trabalhamos durante algum tempo. O dinheiro era extremamente importante como sinal de seu sucesso, e penso que ele acreditava de verdade que não tinha dinheiro, reclamava por trabalhar muito, mas, quase na mesma medida, vangloriava-se de suas cotas da empresa etc."*

Obviamente, é um homem mais velho, com uma perspectiva masculina. Nem todos os chefes de Virgem são "implacáveis com dinheiro" – penso que isso é um território empresarial –, mas perceba que ela o descreveu como "muito crítico com relação aos demais"... isso é consequência da necessidade virginiana de perfeição!

Dicas de Amor da Astrologia

Nos meus outros livros, escrevi que para aprender a namorar uma pessoa de determinado signo você precisa compreender, no mínimo, o signo solar dela, para se preparar para algumas esquisitices de sua natureza. E devo tornar a enfatizar que você também precisa levar em consideração o seu signo e como essas duas energias se comportam juntas.

Se o seu signo é de Terra, são maiores as chances de você se entender bem com outros signos de Terra e com os de Água... e assim por diante. Os elementos precisam encontrar equivalência com algum componente do seu mapa. Seu Ascendente, por exemplo, pode ser do mesmo elemento que o da pessoa por quem você se interessa, o que certamente ajuda na compreensão mútua. Porém devo acrescentar um detalhe importante.

Por mais compatível que seja o mapa astral de outra pessoa com o seu, só uma conexão na vida real pode tornar autêntico esse relacionamento no papel. Há muito tempo, tive uma cliente que estava convencida de que ela iria acabar namorando e se casando com Michael Jackson porque seu mapa era muito compatível com o dele. Ela se esqueceu completamente do fato de que morava em outro país, que não estava preparada para viajar para os Estados Unidos, não tinha emprego que pudesse sequer levá-la perto do círculo social dele... e a lista prosseguia. Mesmo que, no papel, esse "relacionamento potencial" pareça estar escrito nas estrelas, se você não estiver preparado para se esforçar para que ele funcione, ficará desapontado.

Sabendo disso, vamos ver como funciona o processo de namoro.

Sua Namorada Virginiana

Se você deseja namorar com sucesso uma virginiana, vai precisar saber o que ela procura; e que lugar pode ser melhor para isso do que um site de namoro?

♍ Táticas para acalmar ♍

Eis uma senhora que mora na Grã-Bretanha procurando o Sr. Certinho:

"Estou procurando alguém realmente especial para um relacionamento de longo prazo no futuro, mas também procuro amigos que pensam como eu. Ou talvez eu já tenha amigos demais, pois estou bastante atarefada tentando concluir meu mestrado em Gestão de Conservação Ambiental, procurando um emprego etc.

Sou quase vegetariana e às vezes sou até vegan, mas não descarto os peixes! Em longo prazo, gostaria de me mudar para uma cidade menor ou mesmo voltar para a cidade, embora creia que esteja farta da vida urbana. É barulhenta demais, tem muito trânsito, e eu adoro 'a natureza', por assim dizer. Amo música e gosto de dança. Também pratico um pouco de yoga. Leio poesia de vez em quando e geralmente o Independent *(ou* The Guardian *em ocasiões especiais). Gosto de dormir em viagens de trem... Na verdade, adoro viajar, e gostaria de voltar ao Nepal ou visitar a Índia no próximo inverno, quem sabe? Se eu pudesse encontrar um companheiro de viagem, seria melhor ainda! Além disso, amo as ilhas gregas, embora eu precise me proteger do sol, pois minha pele sofre. A região dos lagos, a Irlanda e a Escócia são lugares que eu gostaria de explorar melhor. Não me incomodaria de acampar, adoro fogueiras.*

Creio que no final das contas terei de ir aonde eu possa encontrar trabalho (remunerado). Bem, se você achar que temos alguma coisa em comum, entre em contato! Não tenho carro, por isso estou limitada aos transportes públicos ou às caronas (ou às bicicletas, quando o tempo está bom...). Não me interesso muito por esportes de qualquer espécie (e nem por Olimpíadas), mas é claro que não precisamos compartilhar TODOS os interesses!

> *Adoro montanhas – já disse isso? E gosto de natação ao ar livre, quando o tempo permite! Também é importante ter alguém para morar comigo ou perto de mim no longo prazo, ou seja, abraços, um esquentando o outro no inverno, os dois felizes! Amo gatos, mas não gosto tanto de cães, embora isso possa mudar, creio... Apesar de ser de Virgem (tento não acreditar nessas coisas, pois sou meio cientista!), tenho um Ascendente em Libra bem forte e minha Lua está em Sagitário, entendeu?"*

Temos de ler nas entrelinhas para descobrir o que ela quer de verdade. E adorei o fato de ela ser "quase" vegetariana. Uma coisa é certa – percebe-se que ela está sendo perfeitamente honesta. Não existe tentativa de esconder nada aqui.

Ela também quer ter uma qualificação. Virginianos adoram aprender (influência de Mercúrio), e por isso, para namorá-la com sucesso, você não deverá se importar se ela enfiar a cara num livro, for às aulas ou estudar. O que você pode deduzir com esse pequeno trecho é que ela está procurando alguém para tomar as rédeas. Diferentemente de uma aquariana ou de uma sagitariana, ela não está procurando liberdade. Diferentemente de uma canceriana, uma leonina ou uma escorpiana, ela não está procurando dedicação integral.

Ela não se importa com o lugar onde irá morar, desde que seja "perto" da pessoa com quem esteja namorando. Perceba que ela não fala em querer "lavar suas meias" ou "preparar seu jantar". Não é uma pessoa que se anima com o conforto doméstico. E perceba também que sua postura é tranquila. Ela não tem muita certeza daquilo que realmente deseja, e também não está pedindo exibições dramáticas de afeto. Perceba ainda

♍ Táticas para acalmar ♍

que ela não gosta de esportes. Preste atenção a isso caso você seja do tipo esportivo. A menos que sua virginiana tenha planetas em Áries, os esportes não estarão no topo da lista.

Conhecimentos, exercícios leves, ambiente discreto... tudo isso se encaixa bem com ela. Ela não descreveu o que está procurando, embora a maioria das pessoas nos sites de namoro descreva a si mesma em vez de dizer o que deseja, mas dá para ter uma ideia do tipo de pessoa que ela é.

Seu Namorado Virginiano

Lembre-se de que Virgem é regido por Mercúrio, o planeta das comunicações; por isso, o amor não estará no topo da lista de "desejos" de seu virginiano. Diferentemente de um libriano ou um leonino, que desejam amor e atenção incessantes, o virginiano vai querer ter algum tipo de interesse compartilhado por meio do qual vocês possam trabalhar juntos, conversar a respeito ou ao qual possam se dedicar.

Meu avô era virginiano e sua esposa (minha avó) era geminiana. Eles se conheceram durante uma aula de artes em Portsmouth e se casaram em 1915. Vovô pintava a óleo e vovó gostava de aquarelas, e foi esse interesse inicial por artes que aproximou os dois. Para namorar com sucesso um virginiano, ou vocês terão de encontrar um interesse conjunto, ou, no mínimo, você não deverá se importar com o interesse dele.

Eles não se interessam muito por clubes noturnos ou por festinhas 24 horas por dia, sete dias por semana.

Eis como um cavalheiro virginiano num site de namoro se descreveu:

♍ Como acalmar um virginiano ♍

"Atencioso e inteligente. Normalmente, não sou muito expressivo, e sou independente demais, mas estou aprendendo! Já morei em Londres e em Edimburgo e passei por Findhorn,* fui Quaker também. Um virginiano crítico e analítico; muito peculiar. Mas com mente aberta. Tento ser cuidadoso, sensível, respeitoso e bondoso com todos. Desde que mereçam. Ou mesmo que pareçam não merecer. Mas eu me esquivo de situações ou conversas pouco agradáveis.

Sinto a necessidade de me rodear de coisas bonitas... tudo que temos e usamos deveria ser eficiente, produzido com materiais naturais, e ter boa aparência, mas sem pretensões. Que seja confortável para se usar (ou seja, não gosto de carros modernos).

Tudo isso é uma parte importante do processo de tornar o mundo um lugar melhor.

Meu trabalho consiste em desenhar belos barcos de madeira, ajudando as pessoas a construí-los. Para eles, é uma experiência útil junto a um trabalho criativo e de cuidadosa habilidade, e muito satisfatória. E divertida. Os projetos são uma mistura inteligente de estilos tradicionais com métodos e desempenho mais modernos.

Além disso, ocupo-me com música tradicional, conto histórias, escrevo, leio, gosto de caligrafia medieval, fotografia, modelismo.

Fico fascinado com a Costa Oeste e a Ilha de Skye; com o folclore e as tradições culturais e musicais dos extremso da Europa. E com a cultura celta".

Ah, eu gostei *muito* quando ele disse que as coisas que ele tem são "eficientes". Essa é uma palavra-chave virginiana. Perceba ainda que ele escreve mais sobre o que ele *faz* do que sobre a

---

* Comunidade com vida alternativa, compartilhada, que conta com um centro de educação espiritual e holística. (Wikipédia – N. do T.)

Táticas para acalmar

questão do namoro, como se fosse algo mais importante para ele do que ter uma companheira. Ele sabe do que gosta, e ela terá de gostar disso também!

O Que Fazer Quando seu Relacionamento Virginiano Termina

Terminar um relacionamento, ou estar num que termina, sempre é um processo doloroso. Não há soluções simples, e o tempo é a única coisa que pode ajudar a curar a dor. Entretanto, com algum conhecimento de Astrologia, você pode tornar o processo menos estressante e mais fortalecedor.

Se o seu relacionamento com uma pessoa de Virgem terminou, vai levar algum tempo até vocês se desvencilharem do "ele disse isso, ela disse aquilo" que vem junto com a atitude do signo regido por Mercúrio.

Signos de Fogo

Se o seu signo é de Fogo – Áries, Leão ou Sagitário –, você vai precisar de alguma coisa animada e excitante que o ajude a superar o fim do relacionamento.

Você vai precisar usar o elemento do Fogo no processo de cura.

Compre uma bela vela noturna, acenda-a e recite: "Eu... (seu nome) deixo você (nome da pessoa de Virgem) ir, em liberdade e com amor, para que eu fique livre para atrair meu verdadeiro amor espiritual".

Deixe a vela noturna num local seguro para que queime completamente. Calcule uma hora, pelo menos. Enquanto isso, reúna quaisquer objetos pertencentes a seu (agora) ex e leve-os de volta para seu virginiano. É educado telefonar antes e avisar seu ex de que você está indo.

Se tiver fotos dos dois juntos, recordações ou até presentes, não se apresse em destruí-los como alguns signos de Fogo costumam fazer. Melhor deixá-los numa caixa no porão ou na garagem até você se sentir melhor.

Depois de alguns meses, vasculhe a caixa, mantenha as coisas de que gosta e doe aquilo de que não gosta.

Signos de Terra

Se o seu signo é de Terra – Touro, Virgem ou Capricórnio –, você vai ter menos propensão a fazer alguma coisa drástica ou extrema. Talvez você demore um pouco para recuperar o equilíbrio, por isso dê-se algumas semanas e no máximo três meses de luto.

Você vai usar o elemento da Terra para ajudar em sua cura, bem como cristais.

Os melhores a se usar são aqueles associados ao seu signo solar e também à proteção.

Touro = Esmeralda
Virgem = Ágata
Capricórnio = Ônix

Lave o cristal em água corrente. Embrulhe-o num lenço de seda e vá caminhar pelo campo. Quando encontrar um lugar apropriado, ou seja, silencioso e no qual você não seja incomodado, cave um pequeno buraco e enterre o cristal.

Passe alguns minutos pensando no seu relacionamento, nos bons e maus momentos. Perdoe-se por quaisquer erros que possa ter cometido.

Imagine uma bela planta brotando onde você enterrou o cristal e que a planta floresce e cresce com vigor.

Ela representa seu novo amor, que estará com você quando chegar o momento apropriado.

Signos de Ar

Se o seu signo for de Ar – Gêmeos, Libra ou Aquário, antes de terminar o relacionamento talvez você queira conversar sobre o que aconteceu. Signos de Ar precisam de razões e respostas e podem desperdiçar uma preciosa energia vital procurando essas respostas. Talvez seja preciso se encontrar com seu virginiano para lhe dizer exatamente o que pensa ou pensou sobre suas opiniões, suas ideias e seus pensamentos. Você também pode sentir a tentação de dizer o que pensa sobre ele agora, coisa que *não* recomendo.

É bem melhor expor seus pensamentos em forma tangível, escrevendo uma carta para seu ex-virginiano. Não é uma carta para se enviar pelo correio, mas ao escrevê-la você precisa imprimir a mesma energia que colocaria *se fosse* realmente enviá-la.

Escreva-lhe nestes termos: "Caro virginiano, espero que você esteja feliz agora em sua vida nova, mas eis algumas coisas que eu queria que você soubesse e entendesse antes de dizer adeus".

Então, relacione todos os hábitos incômodos a que seu (ex) virginiano se dedicava. A lista pode ter a extensão que você quiser. Inclua quantos detalhes desejar, abrangendo coisas como as vezes em que ele o repreendeu por algo que você tenha feito ou por não querer conhecer seus amigos, ou reclamou disto ou daquilo.

Escreva até não conseguir mais e encerre sua carta com algo similar ao seguinte: "Embora não fôssemos feitos um para o outro, e eu tenha sofrido por isso, desejo-lhe felicidade em seu caminho". Ou algum outro comentário positivo.

Depois, rasgue a carta em pedaços bem pequenos e ponha-os num pequeno frasco. Vamos usar o elemento do Ar para corrigir a situação.

Vá até um lugar ventoso e alto, como o topo de uma colina, e, quando achar que deve, abra o frasco e espalhe alguns pedaços aleatórios da carta ao vento. Não use a carta toda ou você correrá o risco de levar uma multa por sujar o lugar, só o suficiente para ser significativo. Observe esses pedacinhos de papel voando ao longe e imagine-os conectando-se com os espíritos da natureza.

Ponha o resto dos papeizinhos no lixo. Agora, seu relacionamento terminou.

Signos de Água

Se o seu signo for de Água – Câncer, Escorpião ou Peixes –, pode ser mais difícil recuperar-se rapidamente desse relacionamento. Talvez você se flagre chorando em momentos inoportunos ou ao ouvir a música "de vocês" no rádio, ou quando vir outros casais felizes na companhia um do outro. Você pode acordar à noite achando que arruinou sua vida e que o ex-virginiano está se divertindo. Como você já deve ter percebido, é pouco provável que isso esteja acontecendo. Seu ex deve estar tão abalado quanto você.

Portanto sua cura emocional precisa incorporar o elemento Água.

Como você é capaz de chorar pelo mundo, da próxima vez em que estiver se banhando em lágrimas, pegue uma gotinha e coloque-a num pequeno copo. Mantenha um por perto para essa finalidade. Decore-o se quiser. Flores, estrelas ou coisinhas brilhantes.

Preencha o copo com água e ponha-o sobre a mesa.

Depois diga o seguinte:

Este adorável relacionamento com você, ... (nome do virginiano), terminou.

Estendi-me através do tempo e do espaço para chegar até você.

Minhas lágrimas vão lavar a dor que sinto.

Tiro você de meu coração, de minha mente e de minha alma.

Partamos em paz.

Depois, beba lentamente a água. Imagine a dor dissolvendo-se e livrando você de toda a ansiedade e de toda a tristeza.

Passe as próximas semanas tratando-se bem. Se precisar conversar, procure alguém de confiança e abra-se com essa pessoa. Tenha lenços de papel à mão.

Seu Amigo Virginiano

A amizade virginiana pode se manifestar de várias formas, mas é mais provável que ela esteja associada a seu local de trabalho, a clubes ou organizações a que você pertença ou a passatempos que você tenha. É menos provável que faça amizade com virginianos se vocês não tiverem interesses comuns. Como mencionei antes, os virginianos que conheço relacionam-se comigo por intermédio de meu trabalho no setor de terapia e cura. Eles se sentem atraídos pela saúde e pela cura, pois Virgem rege esses assuntos.

Para extrair o melhor de seus amigos virginianos, você não precisa vê-los o tempo todo. Na maioria das vezes, os signos de Fogo é que precisam de atenção e de comunicação constantes. Minha irmã mais velha, que é aquariana, é amiga de um virginiano há muitos anos. Eles namoraram faz tempo, mas ainda se encontram para caminhar pelo campo e conversar, e ambos se dão muito bem com esse esquema. Os aquarianos adoram a amizade (é algo maior do que o amor – veja meu livro *Como se Relacionar com um Aquariano* para compreender melhor isso) e os virginianos gostam de ter alguém com quem discutir, debater, pensar, ponderar e se comunicar.

Pense em Mercúrio com sua velocidade orbital, mais rápido do que a Terra, um planeta que fica retrógrado de três a quatro vezes por ano, e você terá quase a descrição da amizade com um virginiano na vida real. Em algumas semanas, você o verá várias vezes e as coisas serão interessantes e revigorantes; em outras semanas, ouvir-se-á uma canção de ninar enquanto outra coisa acontece na vida dele. Ele não está sendo grosseiro quando não entra em contato com você; está simplesmente entretido com outra coisa.

Se você já seguiu Stephen Fry no Twitter, deve ter percebido que em alguns dias ele não faz nada além de tuitar, com centenas de postagens... depois, há um hiato, pois ele se envolveu em outra coisa de seu interesse... e depois ele volta a tuitar. Ele tem a Lua em Leão, mas não sei o horário de seu nascimento

♍ Táticas para acalmar ♍

(acredite em mim, eu perguntei a ele um monte de vezes) e não sei dizer qual é o seu Ascendente... mas se quiser ter uma ideia do modo de pensar de um virginiano, dê uma olhada na página dele. É bem cansativo para uma pisciana!

Por falar nisso, se o seu signo é de Água, que sempre é muito emotivo, saiba que isso pode cansar um virginiano. Eis o que uma senhora de Peixes fala sobre uma amiga virginiana, sempre muito prática:

"Em meados da década de 1980, fui abençoada por uma amiga virginiana que bateu na mesa uma vez e me disse para parar de esperar que os outros tomassem decisões por mim".

De modo geral, seus amigos virginianos não vão abandoná-lo quando as coisas se complicarem, e vão esperar tratamento recíproco se estiverem em maus lençóis. Eles também conseguem perceber se você está entrando em depressão ou tendo uma crise de ansiedade e oferecem ajuda prática como remédios ou o telefone de terapeutas que conhecem.

Sua Mãe Virginiana

Conheci muitas mães de Virgem, pois também sou mãe, mas não conheci esta de que vou falar agora.

Um cavalheiro pisciano muito simpático que conheço tem uma mãe virginiana, chamada Jacqueline. Ele se casou de novo, e está com sua segunda esposa, Shirley, há mais de trinta anos. Todo Natal e todo aniversário sua mãe lhe envia um cartão, obviamente porque ela é a mãe dele, e mães fazem isso. Contudo, ele não consegue entender por que ela assina os cartões assim: "Muito amor, Mamãe (Jacqueline)".

Mas recentemente ele deduziu que o motivo pelo qual sua mãe inclui seu primeiro nome é que ela não quer que sua esposa pense que ela também é a mãe dela!

Por isso, a inclusão do nome é para deixar claro à esposa dele que o cartão foi enviado pela mãe dele para ele com amor, mas que ela não é a mãe de Shirley.

Esse tipo de comportamento só pode vir de alguém que passa muito tempo pensando, e obviamente pensando demais, como neste caso!

Sua mãe virginiana quer que tudo esteja em seu lugar e que haja um lugar para tudo. Talvez ela não consiga isso, mas será sua principal motivação.

E eu gostaria de desfazer um mito. Nem todo virginiano é arrumadinho. Como neste exemplo, as coisas materiais podem estar espalhadas pela casa, mas mentalmente seus pensamentos estão bem organizados.

Nicole é mãe, escritora e astróloga. Ela fala sobre sua capacidade de organização.

"Com as 'coisas' físicas, nem um pouco organizada; não posso fingir que seja um caos organizado – é apenas um caos. Sou muito bagunceira e estou sempre perdendo coisas, porque não me preocupo em colocá-las no lugar de onde as tirei. Nossa casa é bem bagunçada e confusa. Geralmente, não ligo para a bagunça, mas fico irritada comigo mesma quando as coisas somem. Periodicamente, porém (uma vez por semana, ou a cada dez dias), a bagunça começa a me incomodar e fica insuportável, mesmo que algumas horas antes nem chegasse a me preocupar – quando chego a esse ponto, passo

♍ Táticas para acalmar ♍

algumas horas arrumando a casa como uma alucinada, limpando, organizando minha escrivaninha, mas entre uma e outra dessas ocasiões eu não ligo muito. Em termos de organização mental, porém, a história é diferente. Eu gosto de preparar listas detalhadas por escrito... que depois eu perco na bagunça da casa."

Ah, essas famosas listas virginianas! Todo virginiano, sem exceção, faz listas. Se você conhece algum virginiano que não as faz, por favor, entre em contato comigo, mas você vai ver que eles fazem listas de coisas nos celulares, nas páginas do Facebook, nas contas do Twitter, ou escrevem e registram informações detalhadas.

Portanto, em termos materiais e com objetos inanimados, Nicole não é organizada, mas quando ela descreve seus processos mentais, percebemos a verdadeira imagem virginiana do detalhe:

"Costumo ser muito, muito detalhista quando planejo ou organizo alguma coisa. Em termos práticos, isso é bom, porque não deixo de lado os pequenos detalhes que fazem com que a coisa toda funcione. Por outro lado, penso que sou detalhista demais quando tento organizar as coisas para os outros. Quando minha filha era pequena, se ela estivesse preocupada com alguma coisa, como uma excursão da escola ou a ida ao médico, eu conversava com ela e explicava detalhadamente cada etapa do processo: o que iria acontecer e quando, o que ela deveria fazer, o que deveria fazer caso acontecesse x, como iria se sentir se acontecesse y. Isso costumava ajudá-la na época, mas agora ela está com 13 anos e ainda faço a mesma coisa, o que a deixa extremamente irritada!"

Como acalmar um virginiano

Sua mãe virginiana também estará atualizada quanto à saúde. Eis Andrea, escorpiana, falando sobre a mãe virginiana em sua infância:

"Ela sempre teve uma confiança inabalável no Serviço Nacional de Saúde (criado no ano em que nasci) e em seus profissionais, e tratava o clínico geral com a reverência que outros reservam para o vigário. Ela tinha o mesmo respeito pelo dentista e pelas enfermeiras que visitavam os pacientes. Íamos todos à clínica e ao dentista para sermos pesados e examinados em intervalos regulares... Ela não tolerava contrariedades, o que, quando criança, me deixava nervosa, e eu me sentia como se estivesse pisando em ovos. Com o tempo e com a idade, comecei a desafiá-la, e às vezes de forma bem violenta, pois me tornei muito voluntariosa. Ela, a seu modo, era amável".

Se você se lembrar do *motivo* pelo qual sua mãe virginiana se preocupa tanto com questões de saúde – que ser saudável equivale a respeitar o corpo, que é o templo da alma –, então é menos provável que discorde de suas orientações.

Seu Pai Virginiano

Seu pai virginiano é um ser raro e peculiar. Se você conseguir compreender melhor o comportamento dele, em vez de ficar pensando "Por que ele diz/faz isso?", terá benefícios.

Eis o que uma jovem geminiana (com Lua em Virgem) que mora no norte da Europa disse sobre o pai virginiano:

"Ter um pai virginiano significa que tudo dentro de casa está organizado e em seu lugar – livros, discos de vinil, fitas, tudo. E tudo

♍ Táticas para acalmar ♍

numa ordem específica. E ele sempre sabe se alguma coisa foi movida, nem que seja um milímetro... Ele nunca se zanga com isso ou com coisas parecidas, mas de vez em quando faz com que saibamos que ele percebe essas coisas.

Pessoalmente, nunca tive nenhum problema por causa disso, mas minha mãe (taurina) diz que ela acha que sua liberdade é tolhida porque ele repara nessas coisas. Além disso, parte de meu amor pela precisão linguística deve-se a ele. Esse pensamento profundamente lógico de um verdadeiro matemático sempre aparece nas comunicações informais, brincando de forma simpática com algo que eu tenha dito caso as palavras não tenham o significado exato do que eu queria dizer ou possam ser interpretadas de duas maneiras. Enquanto outras pessoas se aborrecem – 'Ah, você entendeu o que eu quis dizer!' –, eu acho isso engraçado na maior parte do tempo. Bem, eu creio que tive uma ótima educação – ele me ensinou a escolher as palavras com cuidado, para que tenham a maior precisão possível e para que um duplo sentido seja intencional só quando eu quiser. Talvez seja a minha Lua em Virgem, mas essa busca pela precisão e seu perfeccionismo, que enlouquece os outros, é uma coisa que admirei e de que gostei. Ele sempre me incentivou a fazer menos perguntas e a pesquisar as coisas, procurando entendê-las sozinha. Mas quando ele explicava algo, conseguia fazer com que as coisas mais complicadas parecessem simples, pois ele sempre encontrava algum tipo de analogia como exemplo; com isso, eu podia imaginar as coisas na minha cabeça e "via o significado", de verdade. Por causa dele, meu livro de infância preferido era uma enciclopédia, pois sempre havia alguma por perto.

Não tínhamos muito contato físico, como abraços ou beijos, e ele raramente estava em casa, pois trabalhava muito, mas o que nos ligava era o aprendizado, a informação, palavras cruzadas,

♍ Como acalmar um virginiano ♍

assistir juntos a canais como Discovery ou National Geographic, e eu compartilhava fatos novos e interessantes que tinha lido em algum lugar. E isso bastava para eu saber que ele me amava e que se preocupava comigo. O que estou dizendo é que ele raramente estava em casa, mas, quando estava, compartilhava o interesse pelas mesmas coisas que eu e me estimulava a aprofundar meu conhecimento por essas coisas. Graças a isso, aproximei-me dele mais do que de minha mãe, que estava muito mais presente em casa. Ainda nos mantemos próximos e temos um relacionamento bem especial".

Seu relato não é muito diferente daquele feito por minha mãe aquariana (que tem Júpiter e Saturno na casa quatro, em Virgem) ao falar de seu pai (meu avô), que, quando comprava móveis para uma de suas casas, "fazia questão de que cada filha tivesse sua própria escrivaninha". Isso era para que minha mãe e as duas irmãs pudessem escrever cartas e estudar.

Para se entender bem com seu pai virginiano, reserve algum tempo para procurar enxergar além de todas as suas idiossincrasias, e até para conversar com ele caso as coisas não estejam saindo do jeito que você gostaria. Pais virginianos são bem abertos a discussões sensatas e você terá um resultado ainda melhor se apresentar suas questões de forma suave, sem tentar fazer com que ele pareça ter se enganado.

Seus Irmãos Virginianos

Como mencionei antes, é mais provável que você se entenda com alguém se os seus elementos forem iguais ou complementares com os da outra pessoa.

Você se entenderá com razoável facilidade com seus irmãos virginianos se o seu signo for de Água ou de Terra. A dificuldade começa se o seu signo for de Ar ou de Fogo (levando em conta o fato de que as coisas podem ser maravilhosas se as suas Luas ou Ascendentes forem similares).

Você terá de se lembrar de dar espaço para os passatempos e para as coisas que eles colecionam, mas eles não vão se preocupar com justiça (isso é com librianos), com "quem recebe mais atenção" (isso é coisa de leoninos) ou com liberdade (isso é de Sagitário), e eles serão meticulosos com certas coisas. E depois que você descobrir quais são essas "certas coisas", evite mexer nelas para que todos fiquem felizes uns com os outros.

Se você tiver sorte, vai se entender com seus irmãos virginianos.

Eis uma jovem canceriana contando que sua irmã mais nova, virginiana, salvou o dia quando sua mãe voltou do hospital após uma cirurgia cerebral. Como o signo dela é Câncer e é ela que cuida mais da mãe (que também teve câncer nos ovários), ficou toda emotiva com o fato de a mãe estar tão doente, e, em vez de agir e fazer o que era necessário, ela diz que ficou "paralisada":

"Bem, minha irmã apareceu em casa na quinta-feira e a vida melhorou para minha mãe e para mim. Ela me estimulou a (a) ser mais branda comigo mesma e (b) a sair de casa durante o fim de semana. E foi o que fiz. Uau! Uma escapada! E ela distribuiu o seu amor virginiano – limpou e organizou o quarto da mamãe, cozinhou e encheu a geladeira com delícias feitas por ela, saiu para pagar contas, organizou a papelada da mamãe e provavelmente fez coisas das quais nem fiquei sabendo. Quando voltei para casa

no domingo, a atmosfera da casa estava completamente diferente. E ela fez lasanha de Páscoa, que estava incrível".

Este é um belo exemplo: a irmã virginiana ajudou fazendo algo em que ela é hábil, ou seja, organizar as coisas, permitindo à irmã mais velha recuperar o equilíbrio emocional para poder prosseguir em seu papel de cuidadora.

* * *

Espero que você tenha gostado de conhecer um pouco o signo solar de Virgem e a Astrologia. Se quiser mais informações, visite meu website: www.maryenglish.com.

Estou escrevendo isto enquanto a Lua está em Virgem, na cidade de fontes termais de Bath, na Grã-Bretanha. Sou de Peixes. Estou feliz com meu trabalho, com meu filho, com meu marido maravilhoso e minha família.

Sei que a vida é feita de coisas boas e más e, não faz muito tempo, decidi focalizar o que é bom. Há uma vela queimando ao meu lado, e imagino que a chama arde para ajudá-lo a se concentrar também no que é bom. Se nos entendermos um pouco melhor, talvez melhoremos como pessoas.

Desejo-lhe toda a felicidade do mundo... e paz também.
Mary

♍ Notas ♍

1. Christopher McIntosh, *The Astrologers and Their Creed: An Historical Outline*, Arrow Books, Londres, 1971.
2. Christina Rose, *Astrological Counselling: A Basic Guide to Astrological Themes in Person to Person Relationships*, The Aquarian Press, Northamptonshire, 1982.
3. Erin Sullivan, *Retrograde Planets: Traversing the Inner Landscape*, Arkana, Penguin Books, Londres, 1992.
4. Northrop Frye, *The Secular Scripture*, Harvard University Press, 1976.
5. H. G. Wells, *Experiment in Autobiography: Discoveries and Conclusions of a Very Ordinary Brain*, Victor Gollancz & The Cresset Press, 1934.
6. http://digitaljournal.com/article/222107#ixzz1pefr2XiC.
7. Colin Evans, *The New Waite's Compendium of Natal Astrology, with Ephemeris for 1880–1980 and Universal Table of Houses*, Routledge & Kegan Paul, Londres, 1967.
8. Rae Orion, *Astrology for Dummies*, IDG Books Worldwide, Inc., Foster City, CA, 1999.
9. Linda Goodman, *Love Signs: A New Approach to the Human Heart*, Pan Books, Londres, 1980.

♍ Como acalmar um virginiano ♍

10. Laurence Hillman, *Planets in Play: How to Reimagine Your Life through the Language of Astrology*, Penguin Books, Londres, 2007.

11. Marcia Starck, *Healing with Astrology*, The Crossing Press, Califórnia, 1998.

12. https://groups.google.com/group/uk.railway/browse_thread/thread/6469752454660b2b/680b48d7b5824c-d7%3Fq%3D%2522Geoffrey%2BHoyland%2522%23680b48d7b5824cd7&ei=iGwTS6eaOpW8Qpmqic0O&-sa=t&ct=res&cd=2&source=groups&usg=AFQjCNEmym-bwS9jQo1S16S1F-OZHeOs17A.

13. D.H. Lawrence, *The Selected Letters of D. H. Lawrence*, compiladas por James T. Boulton, Press Syndicate, University of Cambridge, GB, 1997.

14. http://www.veganmeans.com/vegan_who/Donald_Watson.htm.

15. Ibidem.

16. Ibidem.

17. Ibidem.

18. Ibidem.

19. Maritha Pottenger, *Easy Astrology Guide: How to Read Your Horoscope*, ACS Publications, San Diego, Califórnia, 1991, 1996.

♍ Informações adicionais ♍

The Astrological Association – www.astrologicalassociation.com

The Bach Centre, The Dr Edward Bach Centre, Mount Vernon, Bakers Lane, Brightwell-cum-Sotwell, Oxon, OX10 0PZ, GB – www.bachcentre.com

Site ético de namoro – www.natural-friends.com

Informações sobre Mapas Astrais

Obtidas no astro-databank de www.astro.com e www.astrotheme.com.

Dados de Nascimento Imprecisos

Michael Jackson, 29 de agosto de 1958, Gary, IN, EUA, Sol em Virgem, Lua em Peixes.

Freddie Mercury, 5 de setembro de 1946, Zanzibar, Sol em Virgem, Lua em Sagitário OU Escorpião.

Como acalmar um virginiano

Roald Dahl, 13 de setembro de 1916, Cardiff, Gales, Sol em Virgem, Lua em Áries.

H. G. Wells, 21 de setembro de 1866, Bromley, Inglaterra, Lua em Aquário.

Stephen Fry, 24 de agosto de 1957, Sol em Virgem, Lua em Leão.

Stephen Russell (médico dos Pés Descalços), 13 de setembro de 1954, Londres, "antes do café da manhã", Sol em Virgem, Lua em Peixes, possível ASC em Libra .

Lenny Henry, 29 de agosto de 1958, Dudley, Inglaterra, Sol em Virgem, Lua em Peixes.

John Peel, 30 de agosto de 1939, Liverpool, Inglaterra, Sol em Virgem, Lua em Peixes.

Billie Piper, 22 de setembro de 1982, Swindon, Wiltshire, GB, Lua em Escorpião.

Leslie Hornby ("Twiggy"), 19 de setembro de 1949, Londres, hora natal não confirmada, possível ASC em Câncer, Sol na 2ª casa, Lua em Leão.

Liev Tolstói, 9 de setembro de 1828, Tula, Rússia, 22h52, ascendente em Câncer, Sol na 3ª casa, Lua em Virgem (não confirmado).

Antonin Dvorak, 8 de setembro de 1841, Nelahozeves, República Checa, 11h (não confirmado), Sol em Virgem, Lua em Gêmeos.

O Ascendente

Gene Simmons, 25 de agosto de 1949, Haifa, Israel, 20h55, ascendente em Áries, Sol na 5ª casa, Lua em Virgem.

♍ Informações adicionais ♍

Agatha Christie, 15 de setembro de 1890, Torquay, Inglaterra, 4h, ascendente em Virgem, Sol na 1ª casa, Lua em Virgem.

Chrissie Hynde, 7 de setembro de 1951, Akron, OH, EUA, 10h, ascendente em Libra, Sol na 11ª casa, Lua em Escorpião.

Liz Greene, 4 de setembro de 1946, Englewood NJ, EUA, 13h01, ascendente em Escorpião, Sol na 10ª casa, Lua em Sagitário.

D. H. Lawrence, 11 de setembro de 1885, Eastwood, Inglaterra, 9h45, ascendente em Escorpião, Sol na 11ª casa, Lua em Libra.

Madre Teresa, 26 de agosto de 1910, Skopje, Macedônia, 14h25, ascendente em Sagitário, Sol na 9ª casa, Lua em Touro.

Sophia Loren, 20 de setembro de 1934, Roma, Itália, 14h10, ascendente em Capricórnio, Sol na 9ª casa, Lua em Aquário.

Larry Hagman, 21 de setembro de 1931, Fort Worth, TX, EUA, 16h20, ascendente em Aquário, Sol na 8ª casa, Lua em Aquário.

Peggy Lipton, 30 de agosto de 1946, Nova York, NY, EUA, 18h57, ascendente em Aquário, Sol na 7ª casa, Lua em Libra.

Jack Holliday, 27 de agosto de 1959, Whittier, CA, EUA, 19h53, ascendente em Peixes, Sol na 6ª casa, Lua em Gêmeos.

Yao Ming, 12 de setembro de 1980, Xangai, China, 19h, ascendente em Áries, Sol na 6ª casa, Lua em Libra.

Zipporah Dobyns, 26 de agosto de 1921, Chicago, IL, EUA, 21h48, ascendente em Touro, Sol na 4ª casa, Lua em Gêmeos.

Amy Winehouse, 14 de setembro de 1983, Enfield, Inglaterra, 22h25, ascendente em Gêmeos, Sol na 4ª casa, Lua em Capricórnio.

♍ Como acalmar um virginiano ♍

Van Morrison, 31 de agosto de 1945, Belfast, Irlanda do Norte, 23h59, ascendente em Câncer, Sol na 2ª casa, Lua em Câncer.

Maurice Chevalier, 12 de setembro de 1888, Paris, França, 2h, ascendente em Leão, Sol na 2ª casa, Lua em Sagitário.

Leonard Cohen, 21 de setembro de 1934, Montreal, Canadá, 6h45, ascendente em Peixes, Sol na 12ª casa, Lua em Peixes.

Peter Sellers, 8 de setembro de 1925, Southsea, Inglaterra, 6h, ascendente em Virgem, Sol na 1ª casa, Lua em Touro.

A Lua

Lauren Bacall, 16 de setembro de 1924, Nova York, NY, EUA, 2h, ascendente em Câncer, Sol na 2ª casa, Lua em Áries.

Marjorie Orr, 9 de setembro de 1944, Glasgow, Escócia, 10h, ascendente em Libra, Sol na 12ª casa, Lua em Gêmeos.

Keanu Reeves, 2 de setembro de 1964, Beirute, Líbano, 5h41, ascendente em Virgem, Sol na 12ª casa, Lua em Câncer.

Rainha Elizabeth I, 17 de setembro de 1533, Greenwich, Inglaterra, 14h54, ascendente em Capricórnio, Sol na 9ª casa, Lua em Touro.

Julie Kavner, 7 de setembro de 1950, Los Angeles, CA, EUA, 18h45, ascendente em Peixes, Sol na 7ª casa, Lua em Câncer.

Edgar Dean Mitchell, 17 de setembro de 1930, 4h30, Hereford, TX, EUA, ascendente em Leão, Sol na 1ª casa, Lua em Câncer.

Buddy Holly, 7 de setembro de 1936, 15h30, Lubbock, TX, EUA, ascendente em Capricórnio, Sol na 9ª casa, Lua em Gêmeos.

♍ Informações adicionais ♍

As Casas

Kenney Jones (baterista do The Who), 16 de setembro de 1948, Londres, Inglaterra, 20h55, ascendente em Touro, Sol na 5ª casa, Lua em Peixes.

Edwin Moses, 31 de agosto de 1955, Dayton, OH, EUA, 19h58, ascendente em Peixes, Sol na 6ª casa, Lua em Aquário.

Pauline Collins, 3 de setembro de 1940, Exmouth, Inglaterra, 19h40, ascendente em Peixes, Sol na 7ª casa, Lua em Libra.

Claudia Schiffer, 25 de agosto de 1970, Rheinberg, Alemanha, 12h10, ascendente em Escorpião, Sol na 10ª casa, Lua em Gêmeos.

PRÓXIMOS LANÇAMENTOS

Editora
Pensamento
SÃO PAULO

Para receber informações sobre os lançamentos da
Editora Pensamento, basta cadastrar-se no site:
www.editorapensamento.com.br

Para enviar seus comentários sobre este livro,
visite o site
www.editorapensamento.com.br
ou mande um e-mail para
atendimento@editorapensamento.com.br